글 서지원

한양대학교를 졸업하고 《문학과 비평》에 소설로 등단해, 지식과 교양을 유쾌한 입담과 기발한 상상력으로 전하는 이야기꾼입니다. 지식 탐구 능력과 창의적인 문제 해결 능력을 스토리텔링으로 풀어낸 책 250여 종 중에서 중국, 대만 등에 수십 종의 스토리텔링 책이 수출되었고, 서울시 올해의 책, 원주시 올해의 책, 문화체육관광부와 한국도서관협회가 뽑은 2012 우수문학도서 등에 선정되었습니다. 2009 개정 초등 국정 교과서와 고등 모델 교과서를 집필했고, 초등학교 4학년 2학기 국어 교과서에 동화가 수록되었습니다. 쓴 책으로는 《마지막 수학전사 1~5》《몹시도 수상쩍은 과학교실 1, 2, 3》《빨간 내복의 초능력자 1~5》 《즐깨감 수학일기》《즐깨감 과학일기》《수학 도깨비》《소원 들어주는 음식점》 등 많은 책이 있습니다.

그림 임대환

대학교에서 디자인을 전공하고 캐릭터, 애니메이션, 게임 회사에서 일했으며 현재 프리랜서 일러스트레이터로 그림책 작업을 하고 있습니다. 그린 책으로 《마지막 수학전사 1~5》 《닮고 싶은 창의융합 인재 4 세종대왕》《Monsters at Work》《The Rainbow Story》《Mike's mess》와 창작그림책 《Sun, wind, clouds, rain》《콩》 등이 있습니다.
lbayabal.wix.com/bayaba

감수 와이즈만 영재교육연구소

창의 영재수학과 창의 영재과학 교재 및 프로그램을 개발했습니다. 구성주의 이론에 입각한 교수학습 이론과 창의성 이론 및 선진 교육 이론 연구 등에도 전념하고 있습니다. 국내 최고의 사설 영재교육 기관인 와이즈만 영재교육에 교육 콘텐츠를 제공하고 교사 교육을 담당하고 있습니다.

마지막 수학전사

와이즈만 수학동화

마지막 수학전사
❺ 지구로 귀환하라

1판 1쇄 발행 2017년 6월 20일
1판 3쇄 발행 2023년 6월 1일

서지원 글 | 임대환 그림 | 와이즈만 영재교육연구소 감수

발행처   와이즈만 BOOKs
발행인   염만숙
출판사업본부장   김현정
편집   오미현 원선희
디자인   윤현이
마케팅   강윤현 백미영

출판등록 1998년 7월 23일 제 1998-000170
주소   서울특별시 서초구 남부순환로 2219 나노빌딩 5층
전화   마케팅 02-2033-8987 편집 02-2033-8928
팩스   02-3474-1411
전자우편   books@askwhy.co.kr
홈페이지   mindalive.co.kr

저작권자 ⓒ 2017 서지원 임대환
이 책의 저작권은 서지원 임대환에게 있습니다.
저자와 출판사의 허락 없이 내용의 일부를 인용하거나 발췌하는 것을 금합니다.

이 도서의 국립중앙도서관 출판시도서목록(CIP)은 서지정보유통지원시스템 홈페이지
(http://seoji.nl.go.kr)와 국가자료공동목록시스템(http://www.nl.go.kr/kolisnet)에서
이용하실 수 있습니다. (CIP제어번호 : CIP2017003864)

* 와이즈만 BOOKs는 (주)창의와탐구의 출판 브랜드입니다.

마지막 수학 전사

⑤ 지구로 귀환하라

서지원 글 | 임대환 그림 | 와이즈만 영재교육연구소 감수

와이즈만 BOOKs

| 차례 |

작가의 글 6
등장인물 8
지난 줄거리 10

Mission 1
유령의 다리를 건너라 13
규칙의 비밀
신화 이야기 반인반마 켄타우로스 38

Mission 2
팬파이프 연주를 멈춰라 41
황금비
신화 이야기 공포의 염소 인간 판 72

Mission 3
영웅의 몸을 되찾아라 75
측정
신화 이야기 위대한 현자 케이론 108

Mission 4
저승의 신 하데스를 속여라 111
도형

신화 이야기 **의학의 신 아스클레피오스** 134

Mission 5
마라톤의 괴물 황소를 물리쳐라 137
도형과 규칙

신화 이야기 **흑마법사 메데이아** 158

Mission 6
지구로 귀환하라 161
역설과 문제 풀이

| 작가의 글 |

새는 알을 깨고 세상에 나온다

　인간은 두 번 태어난다. 첫 탄생은 부모에게서 육체적 생명을 얻어 세상 밖으로 나오는 것이고, 그 다음 탄생은 자신 스스로 거듭나 정신적 생명을 얻는 것이다. 즉 자신을 에워싸고 있는 단단한 껍질을 스스로 깨야만 진정한 어른으로 다시 태어날 수 있다. 마치 애벌레가 고통스럽게 허물을 벗어야 화려한 나비로 태어나는 것처럼.
　이 책은 내가 어린 시절에 읽었던 헤르만 헤세의 《데미안》이란 소설의 한 문장에서 영감을 받아 쓴 것이다.

　새는 알을 깨고 나온다. 알은 곧 세계다. 태어나려고 하는 자는 하나의 세계를 파괴하지 않으면 안 된다. 새는 신을 향해 날아간다. 신의 이름은 아프락사스다.

　이 책은 새가 알을 깨고 나오듯, 주인공 독고준이 정신적 탄생을 겪게 되는 모험 이야기다. 독고준은 신과 인간 사이에서 갈등을 느끼며 자신에게 던져진 문제를 하나씩 풀어 간다. 그런 독고준의 모습은 곧 여러분이 지금 또는 앞으로 겪어야 할 두 번째 탄생의 과정이다. 알을 깨고 나오는 게 고통스럽더라도 흔들리거나 주저하면 안 된다. 그래야 여러분에게 꿈을 펼칠 수 있는 날개가 돋기 때문이다.

수학을 공부하는 과정도 마찬가지다. 나는 수학을 왜 배워야 하는지 이유와 목적도 모른 채 좋은 성적만을 얻기 위해 앞만 보고 달리는 여러분에게 새로운 세상을 보여 주고 싶었다.

부끄럽게도, 우리나라 학생들은 전 세계에서 수학을 가장 싫어하고 있으며 자신감도 가장 낮다고 한다. 수학을 배우는 진정한 의미를 모른다면, 여러분은 앞으로 수학이 괴롭고 지겹고 고통스러울 수밖에 없다. 수학을 공부하기 전에 수학이 왜 필요하며 어떻게 세상에 쓰이고 있는지, 수학을 잘하면 나는 어떻게 변할 수 있는지를 먼저 알아야 한다. 그래야 진정한 어른이 되는 제2의 탄생을 할 수 있다.

수학을 꼭 배워야 하는 이유는 백만 가지도 넘지만, 그 모든 이유를 한마디로 정리하면 이것이다.

수학은 세상을 현명하게 살아갈 수 있는 방법을 가르쳐 준다.

수학에서 정답을 찾는 법보다 새로운 생각을 해낼 수 있는 능력을 키워야 한다. 정답을 맞히는 데에만 매달리지 말고, 문제 푸는 과정을 중요하게 여겨야 한다. 그래야 세상을 논리적으로 파악하는 능력이 키워진다.

머리로만 배우는 것은 진정한 공부가 아니다. 머리로 배우고 몸으로 익혀야만 진정한 공부가 된다. 여러분도 독고준과 함께 온몸으로 모험을 즐기면서 참다운 지식을 익히길 바란다. 아무리 머리가 뛰어나도 공부를 즐기는 학생은 이길 수가 없기 때문이다.

여러분의 친구 *서지원*

| 등장인물 |

독고준(테세우스)

평범한 초등학생인 줄로만 알았던 내가 얼마 전까지만 해도 이집트의 신 호루스로 살다가 간신히 현실 세계로 돌아왔는데, 이제는 그리스의 신 테세우스가 되었어. 이번엔 절대 허둥대지 않을 거야. 이 모든 꼬인 문제들을 바로잡고 친구들과 함께 집으로 돌아가겠어!

미노타우로스

지금까지 이집트의 신 호루스에게 된통 당했지만, 순순히 물러난다면 진정한 악당이 아니지. 내가 이 우주를 손아귀에 넣으려면 독고준을 소환해야 돼. 마녀 메데이아도 내 작전에 함께하기로 했고, 독고준도 그리스 신화 속으로 들어왔으니, 어디 한 번 제대로 싸워 볼까?

메데이아

사람들은 나를 마녀라고 부르지. 아이게우스 왕을 뒤에서 조종한다나? 후훗. 나도 그러려고 했지. 하지만 왕은 신비 열쇠가 있는 곳을 알려주지 않더군. 신비 열쇠를 손에 넣으려면 테세우스를 잡아야 해.

케이론
나는 켄타우로스의 현자라네. 정오각형의 신호를 듣고 와 보니 전설로만 듣던 수학 전사가 위기에 처해 있더군. 잃어버린 테세우스의 능력을 찾을 수 있도록 도와주는 게 내 임무라고 생각해. 내가 낸 수수께끼를 테세우스가 풀어내길 바랄 뿐이지.

황혜리
내 별명은 체육 소녀. 그래서 트레이닝복을 즐겨 입지. 강영재, 독고준과는 삼총사로 불릴 만큼 똘똘 뭉쳐 다니는데, 사실 난 독고준을 좋아하고 있어. 영재가 이 사실을 눈치채면 놀릴까 봐 일부러 무뚝뚝하게 행동하는 거야. 언젠가 준이 내 마음을 알아줄 날이 오겠지?

강영재
나는 독고준의 절친한 친구야. 키가 작아서 '도토리'라는 별명을 가졌어. 황혜리가 놀려 대지만 난 넉살 좋게 웃어넘겨. 왜냐하면 난 타고난 개그맨이거든. 개그맨은 그 어떤 순간에도 웃음을 잃지 않아야 하니까.

| 지난 줄거리 |

어느 날 갑자기 이집트 태양의 신 호루스가 되어 이집트 신화 속 인물들과 싸워 영웅이 된 초등학교 5학년 독고준. 이번에는 그리스 신화의 테세우스가 되어 신비 열쇠를 찾아야만 한다. 신비 열쇠는 이 모든 것을 되돌리고 우주의 질서를 지키는 데 필요한 단서다. 잠시 지구로 돌아온 준은 혜리와 영재와 함께 그리스 신화 속으로 가게 된다. 이제 친구들과 함께 집으로 무사히 돌아가야 하는데, 여정마다

때로는 초능력으로 위기를 모면하며 악의 핵심 축인 미노타우로스와 싸우게 된다. 또 신비 열쇠에 대한 비밀을 알고 있는 아이게우스 왕을 뒤에서 조종하는 마녀 메데이아와도 접전을 벌이게 된다. 아이게우스 왕을 만나러 가기까지 갖가지 강력한 괴물들을 만나면서 준은 더욱 힘이 세지고 자신에게 주어진 사명감을 깨닫게 된다.

Mission 1

유령의 다리를 건너라

· 규칙의 비밀 ·

미션 목표
- 한붓그리기로 가능한 도형은 어떤 것일까?
- 규칙을 찾는 것은 왜 중요할까?

"우리, 저 언덕 위에서 잠깐 쉬었다 갈까?"

앞장서서 걷던 준이 뒤따라오는 영재와 혜리 쪽을 돌아보면서 물었다. 초록으로 물든 너른 들판이 준의 눈에 들어왔다. 부드러운 바람이 풀과 나무를 어루만지고 있었다. 잔인한 악당이나 흉측한 괴물들의 흔적은 보이지 않았다. 혜리는 들꽃을 꺾어 머리에 꽂았고, 영재는 휘파람을 불었다. 그 모습을 본 준은 마치 지구로 돌아온 듯한 기분이 들었다.

"와아! 기분 좋다!"

영재가 두 팔을 하늘로 쭉 뻗으면서 만세를 불렀다. 준도 혜리도 하늘에 떠다니는 하얀 구름처럼 마음이 가볍고 더 할 수 없이 평화로웠다.

"우리가 지금까지 무찌른 괴물이 얼마나 될까? 나는 스케이론이 제일 기억에 남아."

영재가 얼굴에 주름을 잔뜩 잡으면서 스케이론의 끔찍한 표정을 흉내 냈다.

"스케이론이라면 메가라 해안의 바위산에 살던 괴물 말이지? 사람들을 붙잡아 자신의 발을 씻게 한 후 발로 차서 절벽 아래로 떨어뜨리던 포세이돈의 아들 말이야."

준이 기억을 더듬으며 말했다. 며칠 전에 겪었던 일이었는데도 까마득하게 느껴졌다.

혜리가 입술을 오므려 '우후!' 소리를 내며 말했다.

"프로크루스테스는 어떻고? 우리를 침대에 묶고는 침대보다 키가 작으면 강제로 늘이고, 크면 자르려고 했던 괴물이잖아."

"난 프로크루스테스 덕분에 키가 더 커진 것 같은데?"

영재가 발뒤꿈치를 들면서 말하자, 혜리가 어이없어 하는 표정을 지었다.

"어이쿠, 도토리 영재야, 네 비명 소리가 제일 크더라. 나는 괴수보다도 네 비명 소리에 내 귀가 아직도 먹먹하다고."

"그것뿐이니? 멧돼지처럼 생긴 괴물 파이아. 그리고 여행자들을 소나무에다 묶은 후 활시위를 당기듯 날려 버렸던 시니스도 있었잖아."

"쇠몽둥이로 나그네들을 약탈하던 악당 페리페테스는 또 어떻고!"

영재는 여태까지 물리친 괴물들을 손가락으로 헤아려 보았다. 열 손가락을 꼽아도 부족할 정도였다.

"우리가 그 괴물들을 없애서 이 행성이 평화로워졌나 봐."

혜리의 말에 준과 영재가 고개를 끄덕였다.

"아무렴. 우리 삼총사가 가는 길을 누가 막아. 우리는 천하무적 삼총사야. 너희들, 이 알통 보이지?"

영재가 두 팔에 힘을 주었다.

"어디? 내 눈에는 물렁물렁한 살밖에 안 보이는데?"

혜리의 말에 준은 크게 웃었다. 영재의 말대로, 준은 걱정이 없었다. 남은 일은 아테네로 가서 아이게우스 왕을 만나 신비 열쇠를 찾고 집으로 돌아가는 것이었다. 모든 일은 들판을 따라 이어진 길처럼 순조롭게 진행될 것 같았다.

'다만, 한 가지 걸리는 게 있는데…….'

그것은 마녀 메데이아였다. 마녀 메데이아가 보여 준 공포를 떠올릴 때마다 온몸의 피부가 긴장하는 것처럼 서늘해졌다.

'용기를 내자. 지금까지 어떤 괴물들도 다 물리쳐 왔잖아. 나는 영웅이야! 초인의 힘을 가졌어!'

준은 마음이 흔들리지 않게 굳게 다잡았다.

삼총사는 잠시 쉬기로 한 언덕 위로 올라갔다. 한눈에 고요한 숲과 강이 내려다보여 너무나 아름다웠다. 마침 평평한 바위가 보이자 셋은 바위 위에 사이좋게 앉았다.

드르렁, 쿨, 드르렁, 쿨쿨.

코고는 소리가 들려 살펴보니, 바위 옆의 나무 그늘에서 한 남자가 낮잠을 자고 있었다. 남자 곁에는 등짐으로 보이는 나무상자가 놓여 있었다. 남자의 행색을 보니 잠시 쉬어 가는 여행자 같아서 아이들은 마음을 놓았다.

"아, 잘 잤다."

삼총사가 떠드는 소리에 잠을 깬 남자가 기지개를 켜며 몸을 일으켰다.

"이제 점심이나 먹어 볼까?"

턱수염이 더부룩하게 나 있는 남자는 나무상자에서 빵과 마른고기, 물을 꺼내 들었다. 그 모습을 본 영재가 쏙 들어간 배를 어루만지며 혜리를 재촉했다.

"우리도 점심을 먹자. 혜리야, 먹을 거 많지?"

혜리는 가방을 뒤지더니 바짝 마른 빵 한 덩어리를 꺼내 보였다. 기대하던 영재의 얼굴이 어두워졌다.

남자는 물을 벌컥벌컥 들이키고는 아이들에게 말을 걸었다.

"만나서 반갑구나. 나는 오스타테라고 해. 이 마을 저 마을을 떠도는 신기료장수란다."

"신기료를 파신다고요? 신기료라면 신기한 담요 같은 건가요? 하늘을 날아다니는?"

영재의 물음에 오스타테는 너털웃음을 터뜨리면서 턱수염을 어루만졌다.

"신기료장수는 헌 신발을 기워 쓸모 있게 만드는 일을 해. 신발이 터지거나 찢어지면 기워 주고 품삯을 받는단다."

오스타테는 삼총사의 신발에 눈길을 보내면서 다시 턱수염을 쓰다듬었다.

"오, 내 평생 처음 보는 신발들이네. 색깔이 예쁘고 정교하게 만들어졌어. 그렇지만 손 좀 봐야겠는걸. 밑창이 다 닳고 옆구리에 구멍이 나려고 하는데?"

"저희는 지금 가진 돈이 없어서……."

혜리는 부끄러운 듯 발을 감추었다.

오스타테는 헛기침을 흠흠 하고는 마른고기를 찢어 입안에 넣었다.

"어? 빵이 없어졌어!"

갑자기 영재가 바위에 올려 둔 빵이 사라졌다고 소리쳤다.

"앗! 저 녀석이다! 우리 빵을 훔쳐 간 도둑이야!"

혜리가 손으로 가리킨 곳에는 개 한 마리가 있었다. 개는 나무 뒤에 몸을 숨기고 빵을 앞발로 감싸 뜯어먹고 있었다.

"우리한테 남은 마지막 빵이었는데, 나쁜 녀석!"

영재가 쫓아가려고 하자, 개는 쏜살같이 빵을 물고 도망쳤다. 화가 난 영재가 돌멩이를 들고 개를 향해 던지려고 하자, 혜리가 말렸다.

"그만해. 떠돌이 개인가 봐. 불쌍해. 바짝 말랐더라."

헤리 말대로 개는 갈비뼈가 앙상하게 드러났고, 피부병에 걸렸는지 곳곳의 털이 빠져 있었다. 어디에서 다쳤는지 뒷다리를 절었고, 이마에는 붉은 핏자국이 딱지가 되어 앉아 있었다.

"저렇게 못생긴 개는 처음 본다! 못난이 주글주글 개야!"

영재는 분이 안 풀렸는지 씩씩거렸다.

"허허허, 그러지 말고 내 점심을 같이 먹자꾸나."

오스타테는 마른고기와 빵을 찢어 삼총사에게 인심 좋게 나눠 주었다.

"너희는 어디로 가는 길이냐?"

"저희는 아테네로 가요. 혹시 아테네를 아세요?"

헤리가 묻자, 오스타테는 미소를 지으면서 고개를 끄덕였다.

"알다마다. 내가 지금 아테네에서 오는 길인걸. 그런데 아테네는 왜 가려고?"

"저희는 신비 열쇠를 찾아야 해요. 그래야 집으로 돌아갈 수 있거든요. 아테네의 왕이 그 열

쇠를 갖고 있다고 했어요."

영재가 빵을 한 입 가득 우겨 넣으며 대답했다.

"신비 열쇠? 아테네의 왕? 아이게우스 왕 말이냐?"

오스타테가 화들짝 놀라 되물었다. 그러자 영재가 고개를 끄덕이며 신이 나서 떠벌였다.

"그럼요. 아이게우스 왕이 저희를 기다리고 있어요."

영재를 이대로 두면 엘리베이터를 타고 지구에서 왔다는 이야기부터 시작해서 지금까지 겪었던 온갖 사건들을 다 떠벌릴 것 같았다. 혜리는 영재의 옆구리를 쿡 찌르며 입조심하라고 주의를 주었다. 그제야 영재는 입을 지퍼로 잠근 것처럼 꾹 다물었다.

"흐음, 뭔가 사연이 있나 보구나."

눈치를 챈 오스타테는 더 이상 캐묻지 않았다.

혜리는 대화를 다른 쪽으로 돌리려고 이야깃거리를 바꿨다.

"저 나무상자에 그려진 그림은 뭐예요? 지도인가요?"

혜리는 여러 개의 그림이 새겨져 있는 오스타테의 나무상자를 가리켰다.

"저 그림은 내가 스승님에게 배운 지혜를 새겨 넣은 거란다. 예전에 물에 빠진 어떤 은자님을 구해 준 적이 있는데, 그 은자님은 가진 게 하나도 없었지만 그 대신에 지혜 하나를 내게 들려주었지. 그 지혜가 몹시 신기하고 놀라워서 저렇게 나무상자에 새겨 두고 늘 생각한단다."

'지혜'라는 말에 삼총사의 눈동자가 호기심으로 빛났다.

"어떤 지혜인지 저희에게도 알려 주실 수 있나요?"

"유령도 못 건너는 일곱 개의 다리에 얽힌 이야기란다."

"유령이 못 건너는 다리라고요?"

혜리가 영재와 준을 바라보았다.

"그래, 잘 들어 보렴."

오스타테는 나무상자 맨 위에 새겨진 그림을 가리키며 말을 이었다. 그것은 일곱 개의 다리가 강을 가로지르는 그림이었다.

"그리스 어딘가에 프레겔이라는 작은 강이 흐르고 있다더구나. 이 강에는 작은 섬이 두 개 있고, 두 섬과 땅을 연결하는 다리가 일곱 개 놓여 있지. 프레겔 강은 경치가 뛰어나고 아름다운 곳이었대. 그런데 까마득한 옛날부터 알 수 없는 전설이 전해 내려왔어."

"무슨 전설인데요?"

듣고 있기만 하던 준이 물었다.

"일곱 개의 다리를 딱 한 번씩만 건너는 사람이 나타난다면,

그 사람은 왕이 될 것이며 엄청난 황금을 얻어 부귀영화를 누릴 거라는 전설이야."

"많은 사람들이 도전해 봤겠네요?"

혜리의 질문에 오스타테는 고개를 끄덕였다.

"물론이지. 수십, 수백 년 동안 수많은 사람들이 프레겔을 찾아갔지. 그리스의 현자들부터 먼 나라에서 온 여행자들도 도전했단다. 그렇지만 아무도 성공하지 못했어. 아라비아에서 온 현자는 10년 동안 머물면서 하루에 10바퀴씩 다리를 건넜지만 결국 실패했단다."

"왜요? 별로 어려워 보이지 않는데요? 제가 해 볼까요?"

영재가 짧은 목을 길게 빼면서 나섰다.

"허허허, 얼마든지 해 보렴. 하지만 수수께끼 같은 일이야. 수많은 사람들이 도전했는데, 왜 실패하는지 이유를 알아내지 못했거든. 그러자 프레겔의 왕이 황금 열 관*을 걸고 호언장담을 했단다. 만약 이 문제를 푸는 사람이 있다면 황금 열 관뿐만 아니라 왕위를 물려주고 자신의 딸과도 결혼시키겠다고 말이야."

"결국 예언대로 이뤄지려나 보네요. 문제만 풀면 왕이 되고 부자가 되는 거니까요."

"그런데 아무도 문제를 풀지 못해서 유령도 못 건너는 일곱 개의 다리가 된 것이지."

삼총사는 나뭇가지를 들고 바닥에 그림을 그리면서 다리 건너기에 도전했다. 조건은 간단했다. 어떤 곳에서 출발해도 상관없었다. 하지만 두 번 건너면 안 되고, 한 번이라도 꼭 건너야 하는 조건이었다.

"이상하네. 왜 안 되지?"

영재는 몇 번 시도하다가 바닥에 주저앉았다.

"적어도 한 개의 다리를 건너지 않거나, 다리를 두 번 건너게 돼. 이것 참, 이해할 수가 없네."

혜리도 설레설레 고개를 저었다. 바닥이 파일 정도로 한참

*관 무게의 단위. 한 관은 한 근의 열 배로 3.75 kg에 해당한다.

동안 선을 그어 보던 준조차 한숨을 내쉬었다.

그런 삼총사를 오스타테는 말없이 지켜보았다.

"오스타테 아저씨, 답을 아세요?"

영재가 묻자 오스타테는 예상하지 못한 대답을 했다.

"알지, 알다마다. 은자님이 가르쳐 주셨지."

오스타테는 두 개의 그림을 보여 주었다.

"선을 한 번씩만 지나가도록 해서 이 그림을 그려 보렴. 어떤 순서로 그려도 상관없어."

"일곱 개의 다리보다 간단해 보여요. 금방 풀어 볼게요."

삼총사는 오스타테가 건넨 목탄을 들고 바위 위에 그림을 그렸다.

"첫 번째 그림은 쉬워!"

"두 번째 그림은 그리기가 어려운데? 한 번씩 지나갈 수가 없어."

삼총사가 포기하자 오스타테가 껄껄껄 웃었다.

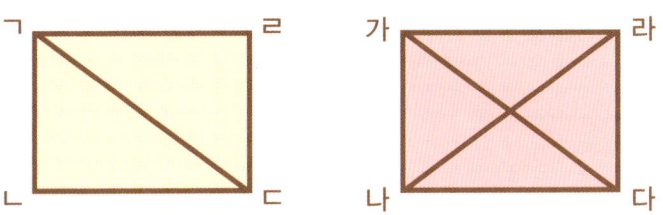

"아무리 머리가 좋은 천재라고 해도 두 번째 그림은 그릴 수 없지. 그 비밀은 바로 점의 개수에 있어. 여기 점을 보렴. 한 꼭짓점에 연결된 선의 개수가 짝수이면 그 점은 짝수점이라고 하고, 홀수이면 홀수점이라고 하거든. 그런데 한 번씩만 선을 그리려면 홀수점이 없거나 2개 있어야 해."

"반대로 생각하면, 홀수점이 있거나 홀수점이 있더라도 2개가 아니면 그릴 수 없다는 이야기군요."

준의 말에 오스타테가 "그렇지." 하고 대답했다. 삼총사는 두 개의 그림에서 홀수점을 세어 보았다.

"첫 번째 그림은 점 ㄱ과 점 ㄷ이 홀수점이야. 홀수점이 2개라서 그릴 수가 있는 거야."

"그런데 두 번째 도형은 점 가, 점 나, 점 다, 점 라가 모두 홀수점이야. 홀수점이 4개이기 때문에 그릴 수 없는 거구나!"

삼총사는 다시 일곱 개의 다리 그림을 살펴보았다. 일곱 개의 다리 그림에서 홀수점을 찾기 위해 단순하게 그렸다.

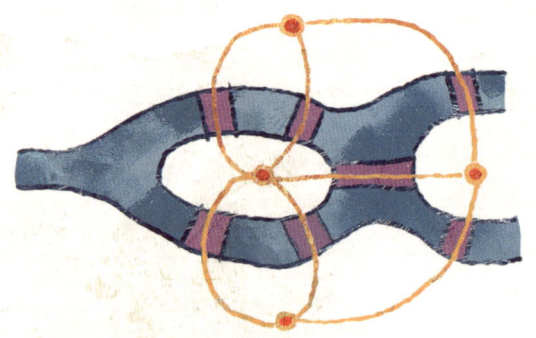

"일곱 개의 다리 그림에서 홀수점은 4개야. 아! 처음부터 다리를 한 번씩 건너는 건 불가능한 일이었어!"

"그래, 바로 그거야. 이제 깨달았구나. 한 가지 더 비밀이 있지. 홀수점이 하나도 없을 때와 홀수점이 2개 있을 때에는 다른 점이 있어. 그게 무엇일까?"

오스타테는 나무 상자에 새겨진 여러 가지 그림을 가리키며 물었다.

삼총사는 별 모양, 삼각형 모양, 집 모양 등을 하나씩 따라 그려 보았다. 다른 그림은 그릴 수 있었지만, 집 모양은 그릴 수가 없었다. 준이 제일 먼저 외쳤다.

"알았어요! 홀수점이 없으면 처음 시작한 점과 끝난 점이 같아지지 않아요."

"맞았어! 바로 그거야!"

혜리가 가볍게 한숨을 내쉬면서 물었다.

"휴, 풀어 놓고 보면 참 간단한데, 이걸 깨닫지 못해서 수많은 사람들이 오랜 세월을 헛되게 보낸 거군요. 그런데 사람들은 왜 풀지 못했을까요?"

오스타테는 언덕 아래에 흐르는 강을 보며 대답했다.

"내게 가르침을 주신 은자님이 그러시더군. 사람들이 어리석어서 규칙을 찾아내지 못했다고. 규칙을 찾아내면 이 세상의 어떤 비밀이든 알 수 있다고."

"난 규칙이라면 딱 질색인데! 게임을 오래하면 안 되는 규칙, 아침에 일찍 일어나야 하는 규칙, 9시 전에 잠자리에 들어야 하는 규칙!"

영재가 투덜거렸다.

혜리가 영재의 등을 토닥이며 한심하다는 표정을 지었다.

"도토리, 아저씨가 말씀하시는 규칙은 그런 규칙이 아니야. 수학에서의 규칙을 말씀하시는 거잖아."

"그래, 은자님이 그러셨어. 수학은 규칙이라고. 수학은 규칙에서 출발했으며 규칙 없이는 이루어질 수 없다고. 규칙을 알면 이 세상에서 일어난 많은 문제를 풀 수 있다고."

"규칙이 그렇게 중요한 거였나요? 학교 다닐 때 연산이나 도형은 많이 배웠지만, 규칙은 별로 안 배웠는데……."

준이 머리를 긁적이며 중얼거렸다.

"규칙을 단순히 무늬 찾기나 공통점 찾기로 생각하기 쉬운데 그렇지 않아. 수학에는 어떤 것과 어떤 것 사이의 관계를 알아보는 내용이 많단다. 그래서 수를 더하고 빼고 곱하고 나누는 사칙연산도 규칙이고, 삼각형, 사각형 등 도형에도 규칙이 숨어 있지."

오스타테의 설명을 듣던 혜리가 뭔가 생각난 듯 소리를 질렀다.

"나도 아빠한테 그런 이야기를 들은 적이 있어. 중학교와 고등학교에 가면 일정한 규칙에 따라 수를 배열하는 '수열'과 어떤 것을 입력했을 때 일정한 규칙에 의해 어떤 것이 출력되는 '함수'라는 것을 배운대. 그런데 그게 모두 규칙 찾기래."

"아, 그런 거였구나! 일곱 개의 다리와 다양한 그림을 그려 보면서 규칙을 찾았다면 일곱 개의 다리를 건널 수 없는 이유를 알아냈을 텐데!"

준과 영재는 고개를 끄덕이며 탄성을 내질렀다.

준은 아까부터 궁금했던 것을 물었다.

"그런데 아저씨, 아까 이 세상의 비밀을 알아내려면 규칙을 알아야 한다고 하셨잖아요. 어떤 규칙을 알아야 비밀을 알 수 있는 건가요?"

"우리는 오늘이 지나면 내일이 온다는 것을 다 알고 있어. 내일이 온다는 것을 모르면 내일을 준비할 수 없겠지. 하루하루는 아침→점심→저녁→밤→아침을 반복해. 계절은 나무에 싹이 돋고, 꽃이 피고, 열매를 맺고, 낙엽이 떨어지는 것을 반복하며 순환해. 이것이 계절의 규칙이야. 은자님은 일상에서 벌어지는 자연현상에서 지구가 태양 주변을 일정하게 도는 규칙을 발견했단다. 그래서 우주의 원리를 알게 되었고 달력이라는 것도 만들었단다."

"맞아요. 이 세상은 규칙으로 가득 찬 것 같아요. 우리가 아직 모르는 게 있다면, 그 안에 숨은 규칙을 찾지 못해서인 것 같아요."

혜리의 말에 침착한 준도 까불던 영재도 고개를 끄덕일 수밖에 없었다.

오스타테는 잊어버린 걸 떠올렸는지 다른 이야기를 꺼냈다.

"그런데 너희들, 아까 아테네에 간다고 했지? 웬만하면 그곳에는 안 가는 게 좋아."

"왜요? 무슨 일이 벌어졌나요?"

혜리가 눈을 휘둥그레 떴다.

"말도 마라. 아이게우스 왕이 아테네를 다스리고 있을 때까지만 해도 좋았지. 그렇지만 지금은 혼을 빼앗긴 왕이 꼭두각시가 되어 조종을 당하고 있어."

"앗! 그렇다면 지금 아테네는……?"

"실제로 아테네를 다스리고 있는 왕은 아이게우스가 아니라 마녀 메데이아란다."

준의 얼굴이 굳은 빵처럼 딱딱해졌다.

"마녀 메데이아는 흑마법을 쓰는 잔인하고 악독한 마녀야. 메데이아는 고향 사람들에게 복수하려고 전염병을 퍼뜨렸어! 수많은 사람들이 피를 토하고 검게 변하며 고통스럽게 죽어 갔지. 그런데 아테네 백성들은 이 사실을 몰라. 겉으로 보기에 메데이아는 우아하고 아름답고 순수한 왕비로 위장을 하고 있거든."

"아!"

삼총사는 동시에 그 모습을 기억해 냈다.

오스타테는 말을 계속 이었다.

"그런데 기적적인 일이 일어났다더구나! 어디선가 한 명의 영웅과 두 명의 현자들이 나타나 전염병을 해결해 줬다더라. 영웅이 메데이아를 불의 칼로 쫓아 버렸대. 놀랍지 않니?"

"그 영웅이 누구인지 아세요?"

혜리가 물었다.

"이름을 들었는데, 테… 뭐더라? 테세…….”

"테세우스요?"

영재의 말에 오스타테가 손바닥을 짝 소리가 나게 쳤다.

"맞아, 테세우스! 사자 가죽을 머리에 쓴 용맹무쌍한 전사라고 하더구나. 초인의 힘을 가져서 표범보다 더 빠르고, 독수리보다 더 날래다던데? 여하튼 우리 그리스인들은 그들을 기다리고 있단다. 영웅과 현자들이 혼란과 고통에 빠진 우리를 구하기 위해 우주 건너 다른 별에서 왔다고 믿고 있어. 오, 신이여!"

오스타테는 하늘을 향해 기도를 올렸다. 준은 감격스러웠지만 정체를 드러내면 안 될 것 같아 꾹 참았다. 그런데 영재가 또 말썽을 부렸다.

"아저씨, 영웅 테세우스와 현자들을 만나고 싶으세요?"

"만나고 싶고말고! 내 평생의 소원이란다!"

영재는 떠벌이고 싶어서 입이 근질근질해졌다. 혜리가 영재의 입을 손으로 막았지만, 영재의 입에서 벌써 말이 튀어 나가고 말았다.

"잘 보세요! 두둥탁!"

영재는 손바닥으로 자신들을 가리켰다.

"여기 있잖아요! 영웅 테세우스!"

오스타테는 눈을 씀벅거리며 어리둥절한 표정을 지었다. 그러면서 사자 가죽을 머리에 쓴 준을 머리부터 발끝까지 살펴보았다. 오스타테는 갑자기 "어이쿠!" 하면서 바닥에 몸을 납작 엎드렸다.

"오! 테세우스 님! 그리스를 구할 정의의 영웅이시여! 다른 별에서 온 현자들이시여! 미처 알아보지 못한 소인을 용서하소서!"

오스타테는 이마가 땅에 닿을 정도로 몇 번이고 절을 했다.

"아저씨, 왜 이러세요. 얼른 일어나세요."

혜리가 어쩔 줄 몰라 당황하며 오스타테를 일으켰다. 오스타테는 고개를 들고 신기한 눈으로 삼총사를 이리저리 살펴보았다.

"영웅이시여! 현자님들이시여! 당신들의 신발을 보고 특별한 분들일 거라고 짐작은 했습니다."

준은 수줍고 어색했다.

"아저씨, 편하게 말을 낮추세요. 저희 같은 아이들에게 존댓말을 하시다니요."

그러자 오스타테가 앞을 가로막으며 허리를 굽실거렸다.
"내가 가진 것이 없어서 줄 것이 없구나. 그러나 내 작은 재주로 테세우스와 현자들의 신발을 고칠 수 있는 기회를 베풀어 주었으면 좋겠구나. 부탁한다."
오스타테는 간절했다. 삼총사는 어쩔 수 없이 신발을 벗어주었다. 오스타테의 바느질 솜씨는 매우 능숙해서 신발은 금세 고쳐졌다. 그 사이에 준은 가방에서 지도를 꺼내 펼치고는 언덕 아래의 길을 가리켰다.
"아저씨, 저 길이 아테네로 가는 길이지요?"

"그래. 아테네로 가서 반드시 마녀 메데이아를 물리치고, 도탄에 빠진 아테네 백성들을 구해 줘."

"저희만 믿으라니까요. 우후훗! 불끈, 알통!"

영재가 팔짝팔짝 뛰면서 방정을 떨었다.

오스타테는 지도를 살펴보다가 문득 심각한 표정을 지었다. 곧 지도에 그려진 숲을 손가락으로 찍으며 말했다.

"여기를 조심하렴. 이 숲은 염소의 숲이라고 부르는데, 염소의 숲으로 들어가지 말고 다른 길로 멀찍이 돌아서 가."

"왜요? 숲을 통과하는 길이 지름길이잖아요. 대체 그 숲에 뭐가 있는데 그러세요?"

준의 말을 들은 오스타테는 더는 말릴 수 없다고 여겼는지 체념했다.

"테세우스, 그럼 이것 하나만 지켜 줘. 염소의 숲에 들어갔을 때 아름다운 음악 소리가 들리면 당장 숲을 벗어나. 당장!"

"아름다운 음악 소리라고요? 악당이나 괴물이 아니고요?"

"아니야. 황홀한 팬파이프 소리를 조심해. 눈물이 날 정도로 고향 생각을 하게 만드는 음악이라고 들었어."

"누가 부는 팬파이프인데요?"

혜리가 물었지만, 오스타테는 고개를 저었다.

"그건 나도 몰라. 누가 팬파이프를 부는지 본 사람은 없단다. 바람 따라 소문만 들려왔을 뿐이야."

혜리와 영재의 눈동자에는 두려움이 번졌다.

"아저씨, 그게 무슨 말씀이세요?"

혜리가 의아해서 다시 물었다.

오스타테는 긴장해서 양쪽 볼이 팽팽해진 얼굴로 대답했다.

"내가 테세우스와 두 현자의 능력을 의심하는 것은 아니야. 하지만 염소의 숲에서 들려오는 팬파이프 소리는 어떤 강인한 전사라 할지라도 이겨 낼 수가 없다고 들었어. 아무리 뛰어난 지혜를 가진 현자라도 막을 수 없다더라. 그러니까 팬파이프 소리가 들리는 즉시 숲을 벗어나. 내가 아는 건 여기까지야."

오스타테는 흙빛으로 변한 얼굴로 수수께끼 같은 말을 남겼다.

준은 기분이 점점 더 꺼림칙해졌다. 삼총사는 오스타테와 작별 인사를 하고 언덕을 내려왔다. 등 뒤에서 오스타테가 다시 급히 부르면서 달려왔다.

"잠시만! 너희에게 주고 싶은 것이 있어."

오스타테는 손바닥에 쥐고 있던 뭔가를 내밀었다. 그건 손바닥만 한 천 조각이었다. 때가 묻고 구겨져 아무짝에도 쓸모없

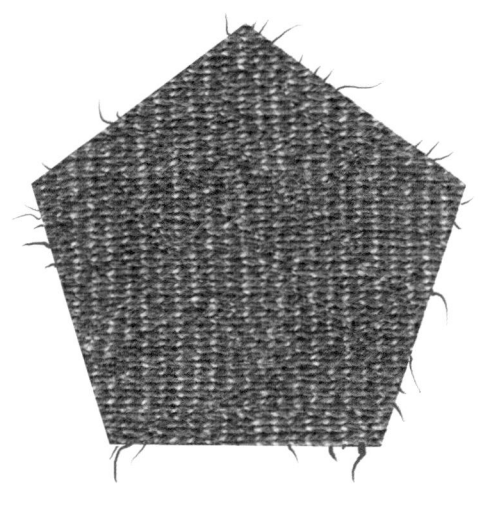

어 보였다. 특이한 점이라면, 정오각형 모양이라는 것이었다.

"이건 은자님의 목숨을 구해 주고 받은 거야. 이 안에 세상에서 가장 아름다운 진리가 담겨 있다고 했어."

"가장 아름다운 진리라고요?"

영재는 머리를 갸웃거렸다. 더러운 천 조각에 아름다운 진리라는 말이 어울리지 않았다.

"은자님이 주신 거니까 의심하지 말고 꼭 지니고 있어라. 위기에 처했을 때 이 천 조각을 불에 태우면 도움을 받을 거래."

믿을 수 없는 말이었지만, 오스타테는 준의 손에 천 조각을 꼭 쥐어 주었다.

켄타우로스들은 술을 좋아했고, 술에 취하면 말썽을 일으켰다.

켄타우로스 족은 원래 55살까지 살 수 있지만, 대부분 40살이면 죽었다.

어느 날 켄타우로스 족은 테살리아의 왕 결혼식에 초대 받았는데, 이 자리에서도 술에 취해 말썽을 일으켰다.

켄타우로스 족과 인간 사이에 큰 싸움이 일어났다.

훗날 제우스의 아들인 헤라클레스는 켄타우로스들을 쓸어버렸다.

Mission 2

팬파이프 연주를 멈춰라

· 규칙과 도형 ·

미션 목표
- 정오각형은 왜 아름다울까?
- 도형으로 이뤄진 수에는 어떤 규칙이 숨어 있을까?

오스타테에게 염소의 숲에 대한 이야기를 듣고 난 뒤, 영재와 혜리는 먹구름처럼 걱정이 몰려왔다. 준이 제일 앞장서서 거침없이 나아갔다. 갈대 숲 사이로 늠름한 사자 머리가 보였다.

'준은 하나도 두렵지 않은가 봐. 하긴 지금까지 괴물들을 다 물리친 건 준이었으니까.'

혜리는 듬직한 테세우스로 변한 준의 넓은 어깨를 보면서 조금은 안심을 했다.

"애들아, 저길 봐!"

준이 가리킨 들판 너머에 염소 같은 괴물이 서 있었다.

정확하게 말하면, 그건 숲이었다. 머리에 뿔이 두 개 돋은 거대한 염소 모양의 숲이었다. 삼총사는 염소의 숲 앞에 멈춰 섰다. 높은 나무들이 우거져서 숲 안은 어두컴컴했다. 서늘한 기운이 감돌았다.

"우리 이 숲으로 꼭 들어가야 하는 거야?"

영재가 겁먹은 목소리로 준과 혜리의 눈치를 살폈다. 혜리가 영재를 거들었다.

"그래. 다시 생각해 보자. 오스타테 아저씨가 그냥 한 소리는 아닐 거야. 조심하는 게 좋잖아."

그러나 준은 말이 없었다. 숲 앞에 우두커니 서서 물끄러미 숲을 바라볼 뿐이었다. 과묵하게 있던 준이 마침내 입을 열었다.

"여기까지 오는 내내 이런 의문이 들었어. 우리가 이곳에 온 이유가 뭘까……."

영재는 어리둥절해서 다시 물었다.

"우리가 여기 왜 왔는데? 누가 우리를 이곳으로 오게 했지? 아, 엘리베이터를 타고 왔지. 돼지 괴물한테 속아서!"

준은 고개를 저으며 담담하게 대답했다.

"오스타테 아저씨를 만나고 난 다음, 우리가 이곳에 온 이유를 알아냈어. 우리는 우연히 이 행성에 떨어진 게 아니야."

"그러면? 우리가 이곳에 올 수밖에 없는 운명이었다는 거야?"

혜리의 질문에 준은 사자 머리를 끄덕였다.

"그래, 우주의 절대적인 힘이 우리를 이곳으로 이끈 거야. 우리에게 이 행성의 악을 물리치고 평화를 찾아 달라는 임무를 준 거야. 아까 오스타테 아저씨를 만났을 때 그런 확신이 들었어! 이 행성 사람들은 오랫동안 자신들을 구해 줄 영웅과 현자를 기다렸다고 했잖아."

영재가 펄쩍 뛰었다.

"말도 안 돼! 그건 사람들이 부풀린 소문이야. 우리가 어떻게 이 행성을 구해? 엄마 아빠 없이 밥도 해 먹을 수 없는 5학년이란 말이야. 밥 이야기 하니 배가 고파지네. 아이고, 배고파."

영재는 배를 쥐고 바닥에 쪼그리고 앉았다. 혜리도 영재의 말에 힘을 실어 주었다.

"영재 말이 맞아. 준아, 영재와 나는 네가 보낸 가짜 쪽지에 속아서 엘리베이터를 탄 것밖에 없어. 그 쪽지도 우주의 절대적인 힘이 보낸 게 아니라, 프로키메데우스라는 돼지 괴물이 보낸 가짜 쪽지였잖아. 우리는 안전하게 집으로 돌아가면 돼."

그러나 혜리의 말이 다 끝나기 전에 준의 발걸음은 앞으로 향했다. 준 앞에는 어두컴컴하고 찬 기운이 흐르는 염소의 숲이 입을 벌리고 있었다.

"준아, 잠시만! 지금 우리가 염소 괴물 입안으로 걸어 들어가는 건지도 몰라. 배는 내가 고픈데, 내가 왜 배고픈 염소의 밥이 돼야 하냐고?"

영재가 준의 허리를 잡아 당겼다. 그러나 힘이 엄청나게 센 준을 막을 수는 없었다. 준은 걸음을 멈추지 않은 채 오히려 목소리를 높였다.

"애들아, 우리가 이 행성에 온 이유를 명심해! 우리는 우주에서 선택 받은 초인과 현자란 말이야. 우리의 임무를 수행해야 해! 염소의 숲에 악마가 산다면, 그 악마를 쫓아내야 하는 것이 우리의 임무야! 그 임무를 해결해야 집으로 돌아갈 수 있다고!"

"어이쿠! 현자는 우리 할머니 이름인데, 내가 왜 현자 노릇을 해서 염소 괴물을 만나야 하냐고!"

영재는 이마를 치면서 오락가락 제자리를 맴돌았다. 혜리는 준 혼자 염소의 숲으로 들여보낼 수 없었다. 혜리는 준과 영재 사이에서 고민하다가 어쩔 수 없이 준을 뒤따랐다.

"영재야! 준은 키 작고 힘없는 지구 소년이 아니잖아. 초인의 힘을 가진 영웅 테세우스야. 그러니까 믿어 보자! 지금까지 잘 해 왔잖아."

"어이쿠, 안 갈 수도 없고, 갈 수도 없고……."

영재가 중얼대면서 뒤따라갔다.

자박자박.

아이들의 낙엽 밟는 소리가 숲의 고요를 깼다. 염소의 숲은 생각처럼 무섭지 않았고 오히려 평범하고 평온했다. 이름 모를 새들이 지저귀고, 들꽃들이 피었으며, 높은 나무들 사이로 햇

빛이 비쳐 들어왔다. 삼총사는 한동안 경계를 잔뜩 하고 걸었지만 아무 일도 일어나지 않았다.

"우리가 괜히 겁먹었네. 우리가 온다고 눈치 채고 벌써 도망을 쳤나?"

쉴 새 없이 두리번거리던 영재가 투덜거렸다.

"애들아, 두려워하지 마. 어떤 괴물이든 나타나기만 하면 내가 불의 칼을 휘둘러 없애 버릴 테니까."

준은 옆구리에 찬 칼을 들어 보였다. 바짝 졸아 있던 영재도 가슴을 활짝 펴고 고요한 숲을 향해 소리쳤다.

"덤벼라! 악당아, 괴물아, 지구에서 온 영웅이 여기 있다!"

영재는 낄낄거리면서 엉덩이를 흔들었다. 그때였다. 풀숲에서 소리가 나면서 나뭇가지들이 움직였다.

"으아악!"

영재가 비명을 지르면서 토끼처럼 튀어 준의 뒤에 숨었다. 경계심이 가득 찬 준의 근육이 불끈거렸다. 그런데 풀숲에서 튀어나온 것은 떠돌이 개였다.

"앗, 우주에서 제일 못생긴 쭈글쭈글 도둑 개! 여기까지 쫓아왔잖아. 휴, 심장이 입 밖으로 튀어나오는 줄 알았네."

영재는 가슴을 부여잡고 한숨을 쉬더니 나뭇가지를 주워 개

에게 던졌다.

"저리 꺼져! 도둑 개야! 다시는 오지 마라!"

나뭇가지가 개의 뒷다리에 맞았다. 떠돌이 개는 놀라서 깨갱 소리를 내며 절룩절룩 도망쳤다.

삼총사는 햇볕이 내리쬐는 마른 덤불 위에 벌렁 누웠다.

"우리가 속은 거 아닐까? 오스타테 아저씨가 이상한 헛소문을 들은 게 아닐까? 이 정오각형 천 조각은 뭘까? 설마 신발 닦는 걸레 조각은 아니겠지?"

"푸하핫! 그럴지도 모르겠네."

준과 혜리는 영재의 말에 웃음을 터뜨렸다.

저녁이 되자, 숲의 해는 빨리 저물었다. 바람이 찼다. 삼총사는 마른 나뭇가지를 주워 모닥불을 피웠다. 준에게 불을 피우는 건 매우 쉬운 일이었다. 아이들은 모닥불 주변에 나란히 누워 하늘을 바라보았다.

"이러고 있으니까 지난 여름방학 때 캠핑 갔던 게 생각난다."

"그때 영재가 귀신 이야기했잖아."

"자기가 말해 놓고 무섭다고 우는 애는 처음 봤어."

"내가 언제 울었다고 그래? 실감 나게 이야기하려다가 보니 감정이 격해진 거지."

아이들은 주거니 받거니 하며 지구에서의 추억으로 수다를 떨었다. 그때 갑자기 안개가 몰려왔다. 숲은 한 치 앞이 보이지 않을 만큼 짙은 안개로 감싸였다. 문득 혜리는 준이 너무 조용하다는 걸 느꼈다.

"준아, 집으로 돌아가면 친구들한테 무슨 이야기를 할 거야?"

준은 대답이 없었다. 혜리가 준을 흔들어 깨웠지만, 준은 마치 죽은 사람처럼 꼼짝하지 않았다.

"너무 피곤해서 깊이 잠들었나 봐. 하긴 피곤할 법도 하지."

혜리와 영재는 준이 깨어날 때까지 기다리기로 했다.

"혜리야, 넌 지구에 가면 뭘 제일 먼저 먹고 싶니?"

"먹는 이야기는 그만 해. 난 부모님 걱정이 돼."

"먹는 이야기가 뭐 어때서? 난 족발을 먹을 거야. 쫄깃쫄깃한 족발을 새우젓에 찍어서……."

영재는 침을 흘리며 입맛을 다셨다. 그때 어디선가 무슨 소리가 희미하게 들리기 시작했다.

"영재야, 무슨 소리 안 들리니?"

"안 들려. 지금 상상으로 족발을 먹고 있어. 후루룩 쩝쩝. 아, 말랑말랑 쫄깃쫄깃한 족발."

그런데 혜리의 귀에는 분명히 소리가 들려왔다. 들릴 듯 말 듯 아주 먼 곳에서 바람을 타고 전해지는 것 같았다.

부부부우, 띠이이이.

"피리 소리 같아. 안 들리니?"

"안 들린다고. 혜리야, 너무 졸리다. 나도 잠깐 잘게. 아 암……, 족발 꿈이나 꿨으면."

영재는 하품을 크게 하고는 곧바로 잠에 곯아떨어졌다. 이상하리만치 빨리 잠이 들었다.

"영재야, 일어나! 여기서 잠들면 안 돼! 느낌이 안 좋아."

혜리는 영재를 흔들었지만, 이미 몸은 축 늘어진 상태였다.

푸우푸부우푸, 푸우부우푸이푸이.

"앗! 이건 팬파이프 소리가 분명해. 팬파이프 소리가 들리면 당장 염소의 숲을 벗어나라고 그랬잖아!"

혜리는 주변을 두리번거리면서 누가 팬파이프를 부는지 찾아보았다. 짙은 안개 때문에 아무것도 보이지 않았다. 혜리는 온몸의 힘이 손가락과 발가락 끝으로 술술 빠져나가는 것 같았다. 이겨낼 수 없는 무거운 졸음이 쏟아졌다.

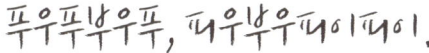

"자면 안 되는데……. 친구들과 여기서 벗어나야 하는데……. 준아…… 영재야…….."

혜리는 안간힘을 쓰면서 준과 영재에게 기어갔다. 눈앞이 희미해졌다. 혜리는 오스타테가 준 정오각형 천 조각을 집었다. 그러고는 마지막 힘을 다해 천 조각을 모닥불에 던졌다. 놀랍게도 정오각형의 천 조각이 타들어 가자 푸른빛의 별이 나타났다. 그때부터 꿈인지 현실인지 알 수 없는 일이 벌어졌다. 뿌옇게 흐려진 혜리의 눈앞으로 검은 그림자가 나타났다. 네 개의 다리, 두 개의 팔, 뿔이 달린 머리……. 그런 모습은 처음 보았다. 혜리의 정신은 다시 깊은 늪 같은 곳으로 빠져들었다.

"수학은 아름답다네. 절대적인 불변의 진리라네. 세상에서 변하지 않는 진실은? 사람의 마음은 변해. 나무도, 자연도, 우주도, 사랑마저도 변하지. 그러나 변하지 않는 것이 있지. 그것은 수학뿐이라네. 그래서 진리는 아름다운 거라네."

누군가 오락가락하면서 노래를 불렀다. 혜리는 눈을 떴다. 장작이 타닥타닥 소리를 내며 타들어 갔다. 그림자가 장작불에 비쳐 어른거렸다.

'여기가 어디지?'

혜리는 눈을 비비며 주변을 둘러보았다. 어두컴컴한 동굴 같앉다. 영재와 준이 자기 옆에 나란히 누워 있었다.

"에구, 이제야 정신이 들었구나."

하얀 턱수염의 할아버지가 뚜벅뚜벅 다가왔다. 처음에는 말을 타고 있는 줄 알았다. 그런데 그게 아니었다! 상체는 사람이었지만, 하체는 말이었다. 사람의 몸도 말의 근육처럼 강인하게 번뜩였다. 하얗고 긴 머리카락이 가슴까지 내려와 출렁였다.

혜리는 놀라서 뒷걸음질 쳤다. 그러나 금방 막다른 곳에 다다랐다. 동굴 안이라 도망갈 곳이 없었다.

"허허, 놀라지 말거라. 네가 불러서 온 것이니까."

"누, 누구세요?"

"나는 케이론이란다. 네가 태운 정오각형은 나를 부르는 신호야. 정오각형의 별은 내가 만든 것이거든."

"아! 그랬군요!"

혜리는 멍한 정신을 차리려고 머리

를 흔들었다.

"정오각형의 별은 어디서 난 것이냐?"

"오스타테 아저씨한테 받았어요. 위기의 순간에 우리를 도와줄 거라고……. 물에 빠진 은자님의 목숨을 구해 줘서 답례로 받았다고 했어요. 은자님이 수학도 가르쳐 주셨다던데요."

"아하, 나의 제자를 구해 줘서 받은 정오각형이었군."

케이론은 모닥불에 나무를 던져 넣었다. 혜리는 점점 정신이 맑아졌다.

"우리가 어떻게 이 동굴에 오게 된 건가요? 우리는 염소의 숲에 있었어요. 우리한테 무슨 일이 일어난 건가요?"

"나는 염소의 숲에 피어오른 별을 보고 달려왔지. 정오각형은 진리의 별이며, 나를 상징하는 표시야. 와서 보니 너희는 판의 주술에 빠졌더구나. 하마터면 큰일 날 뻔했어."

"판이라니요?"

혜리는 또 질문을 했다.

케이론은 싫어하는 기색 없이 차분하게 설명해 주었다.

"몸은 염소이고 머리는 사람인, 반인반수의 괴물이지. 이마에 뿔이 달렸고, 북슬북슬 털이 난 굽은 다리를 하고 있지. 교활하면서 성격이 변덕스러워. 갈대로 만든 팬파이프를 늘 지니고 다니지."

 케이론은 판이 덫을 쳐 놓은 곳이 염소의 숲이라고 했다. 판이 팬파이프를 불면 여행자가 그 소리에 취해 잠에 곯아떨어지고, 그 다음에 판이 나타나 악몽 벌레를 귀에 집어넣는다고 했다.

"악몽 벌레라고요?"

 케이론은 새끼손가락보다 더 작은 유리병을 보여 주었다. 유리병 안에는 보랏빛을 띤 벌레 한 마리가 들어 있었다.

"이것이 악몽 벌레란다. 이 벌레가 귀에 들어가면 악몽에 깊이 빠져 깨어나지 못해. 악몽에 빠지면 판이 만들어 놓은 미로에 들어가게 된단다. 그리고 끝없이 미로를 헤매는 악몽을 꾸다가 결국은 죽게 되지."

혜리는 악몽 벌레가 든 유리병을 손바닥에 올려놓고 살펴보면서 물었다.

"판이 왜 그런 짓을 하는 거죠?"

"사람의 뇌를 점령해서 꿈을 가로채고 싶어 하거든. 판은 꿈을 꾸지 못하는 괴물이라서."

혜리는 끔찍한 소리를 듣고 오싹 소름이 끼쳤다.

"걱정 마라. 너는 치료를 했으니까."

"제 친구들은요?"

혜리는 영재와 준을 가리켰다.

"통통한 친구는 치료를 했는데……."

그 말이 끝나자마자 영재가 기지개를 켜면서 자리에서 일어났다.

"아암, 잘 잤다, 혜리야, 내가 무슨 꿈을 꿨는지 알아?"

혜리는 고개를 절레절레 흔들었다. 그런데 준은 여전히 깨어나지 못했다. 케이론은 준의 눈동자를 살피고, 목에 뿔로 만든 청진기를 대면서 상태를 살폈다. 준은 악몽을 꾸는 듯 이따금 신음을 하며 두 팔과 다리를 마구 휘저었다.

"이 친구의 이름은 무엇이냐?"

"준이요. 독고 준."

"준은 상태가 심각해. 악몽 벌레가 너무 깊숙하게 들어가 버렸어."

케이론이 심각한 표정을 지었다.

"제발 깨어나게 해 주세요! 제발이요!"

"방법이 하나 있긴 한데……."

"어떤 방법이든 알려 주세요. 저희가 할게요!"

"방법은 한 가지뿐이란다. 준을 잘 아는 사람이 준의 꿈속으로 들어가 미로에 빠진 준과 함께 탈출하는 거야."

혜리와 영재는 서로 마주보았다. 혜리가 다시 물었다.

"만약 꿈속의 미로에서 길을 찾지 못하면 어떻게 되나요?"

"그러면 위험한 일이 벌어져. 너희도 영영 악몽에 갇혀 빠져나오지 못하게 된단다. 친구를 구하려다가 너희마저 목숨을 잃고 판의 노예가 될 수 있어."

케이론은 거기까지 말하고 더 이상 말하지 않았다. 잠시 침묵이 흘렀다. 모닥불만 타닥타닥 타들어 갔다.

"아무래도 힘들겠지. 너희가 친구를 구하러 가지 않는다고 해서 너희를 비난할 수는 없어. 자신의 생명만큼 소중한 것은 없으니까."

케이론은 자리에서 일어났다.

"아니에요! 할게요!"

혜리가 따라 일어났다.

"저도 갈게요! 혜리만 보낼 수는 없어요!"

영재도 일어났다.

"둘 다 가겠다는 소리냐?"

"네. 우리는 늘 함께하는 삼총사거든요."

혜리와 영재가 손을 잡았다.

"잘 들어라. 악몽은 판의 미로로 이뤄져 있단다. 미로에서 빠져나오려면 열쇠를 찾아야 해. 그 열쇠가 어디에 있는지는 나도 모른단다. 내가 알고 있는 것은 단 한 가지야. 수가 도형으로 돼 있다는 것뿐이지."

"수가 도형으로 돼 있다니요? 그게 무슨 소리인가요?"

영재가 질문했지만, 케이론은 고개를 흔들었다.

"내가 알고 있는 건 거기까지란다. 미로의 출구가 어디에 있는지, 그 열쇠를 어떻게 찾아야 하는지 아는 사람은 없어. 판의 미로에 들어갔다가 무사히 탈출한 사람이 없거든."

"지금까지 한 명도 없었다고요?"

혜리가 놀란 눈으로 물었다. 케이론은 고개를 끄덕였다. 영재와 혜리는 마른침을 꿀꺽 삼켰다.

"포기할 테냐?"

"아니요, 해보겠어요!"

"좋다. 더 늦어지면 미로가 점점 더 커져서 빠져나오기 힘드니까 빨리 서두르자."

케이론은 바닥에 커다란 정오각형을 그리기 시작했다.

정오각형에 대각선을 긋자, 그 안에 별이 만들어졌다. 그리고 별 안에 또 다시 작은 정오각형이 생겼다. 작은 정오각형에 대각선을 긋자 또 별이 만들어졌고, 그 작은 별 안에 또 더 작은 정오각형이 생겼다. 영재와 혜리가 감탄했다.

"별이 무수하게 생기고 있어!"

"아, 별은 정오각형에서 탄생하는구나!"

"그래, 정오각형 안의 별은 아름다울 수밖에 없단다. 그 별은 황금비로 돼 있기 때문이야."

"황금비가 뭔가요?"

케이론이 마지막 정오각형을 그리면서 설명했다.

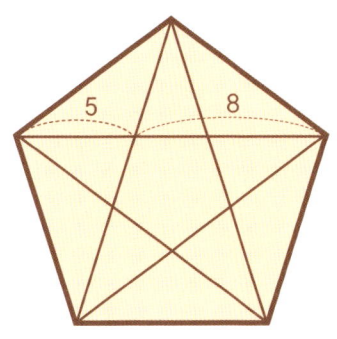 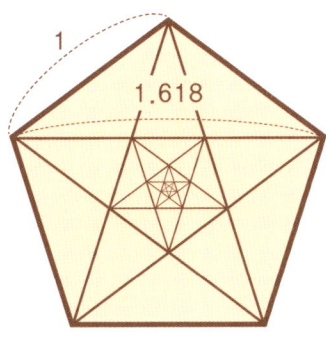

59

"정오각형의 한 변의 길이와 대각선의 길이의 비는 황금비란다. 인간의 눈으로 봤을 때 가장 아름답고 완벽한 비율이지. 그러므로 수학은 아름다운 것이지."

케이론은 잠이 든 준의 몸을 정오각형 중앙에 놓고, 영재와 혜리에게 준의 양쪽 손을 잡으라고 했다. 그리고 주문을 외웠다.

"수학이여! 절대로 변하지 않는 진리의 아름다움이여! 세상 모든 것의 비밀의 문을 열어 주소서!"

그러자 정오각형에서 파란 빛이 뿜어지면서 허공에서 회오리치듯 빙글빙글 돌았다. 영재와 혜리는 눈을 감았다. 그 순간,

파란 빛을 내던 정오각형은 감쪽같이 사라졌다.

영재와 혜리가 눈을 떴을 때는 사방이 붉은 벽돌로 막힌 미로 안이었다.

"출구가 어디지? 나갈 수가 없어!"

어디선가 준의 목소리가 들려오자, 영재와 혜리는 소리가 들리는 쪽으로 달려갔다. 준은 테세우스의 늠름한 모습이 아니었다. 작은 체구의 평범한 초등학생 모습으로 돌아와 벽을 더듬고 있었다.

"여기가 대체 어디니? 답답해! 길을 못 찾겠어."

초조한 얼굴로 미로를 오가던 준이 영재와 혜리에게 물었다.

"준아, 여기는 판의 미로야."

"미로라고? 내 주먹으로 이 벽을 깨 버리겠어!"

준은 주먹으로 미로의 벽을 힘차게 내리쳤다. 하지만 곧 손목을 부여잡고 주저앉아 버렸다.

"그만해. 준아, 넌 테세우스가 아니야."

"준아, 여기는 현실이 아니야. 지금 이곳은 네 꿈속이란 말이야."

영재와 혜리가 준의 손목을 어루만졌다.

"그러면 너희가 내 꿈속으로 들어왔다는 소리야?"

"그래."

혜리와 영재는 케이론을 만난 이야기와 판이 악몽 벌레를 준의 귀에 집어넣은 이야기 등을 들려주고는 탈출 시간이 얼마 없다며 재촉했다.

"케이론이 판의 미로에서 빠져나갈 열쇠를 찾으라고 했어. 준아, 혹시 그런 것 본 적 있니?"

"열쇠는 모르겠고 굳게 닫힌 문은 본 적이 있어. 그런데 돌로 돼 있어서 꼼짝하지 않아."

혜리와 영재는 준을 따라서 꾸불꾸불한 미로를 돌고 돌았다. 미로는 특이하게도 삼각형 모양 같았다. 삼총사는 간신히 돌문을 찾았지만 문에는 알 수 없는 숫자들이 새겨져 있었다.

"네모 안의 번호가 혹시 문을 여는 열쇠가 아닐까? 15 다음의 수를 맞히면 문을 열 수 있는 것 같아."

혜리의 말에 영재가 코웃음을 쳤다.

"이런 건 누워서 식은 떡 먹기지. 이 형님이 규칙 찾는 건 아주 잘하거든."

"식은 떡이 아니라 식은 죽 먹기 아니니?"

혜리가 묻자 영재는 아무려면 어떠냐며 무시했다.

"내 뒤로 비켜. 우리 집 문도 번호 키로 돼 있단 말이야. 1 다음에 3, 그 다음에 6이니까 2와 3씩 건너뛰는 규칙이네."

"영재야, 그게 아니잖아. 10은 6에서 4를 건너뛰고, 15는 10에서 5를 건너뛰잖아."

혜리가 말하자, 영재는 한숨을 내쉬었다.

"휴, 정말 알 수 없는 규칙이네. 더하고, 빼고, 나누고, 곱해 봐도 □ 안에 들어갈 번호를 모르겠는걸."

그사이 준은 서 있기가 힘든지 자꾸 비틀거렸다.

"아마 악몽 벌레가 더 깊이 준의 뇌 속을 파고드나 봐."

혜리는 더욱 초조해졌다.

"영재야, 서두르자. 케이론 아저씨가 수는 도형으로 돼 있다고 했어. 이 말이 무슨 뜻일까?"

"도형이라면 삼각형, 사각형, 원 등이잖아. 수가 어떻게 삼각형, 사각형 같은 거로 돼 있을 수가 있어? 꿈속에서도 수학 문제를 풀어야 하다니…… 난 족발 먹는 꿈이 좋은데!"

영재가 짜증을 냈다. 혜리는 손톱을 물어뜯으면서 문 앞을 오락가락했다. 그러다가 갑자기 소리를 질렀다.

"잠시만! 뭔가 알 것 같아! 이 미로는 삼각형 모양 같단 말이야!"

혜리는 바닥에 삼각형을 그렸다.

"이것 봐. 점을 3개 찍으니까 삼각형이야."

"그건 나도 알아."

영재가 퉁명스럽게 대답했다.

"이걸 좀 보라니까. 점을 6개 찍어도 삼각형, 점을 10개, 15개를 찍어도 삼각형이라니까!"

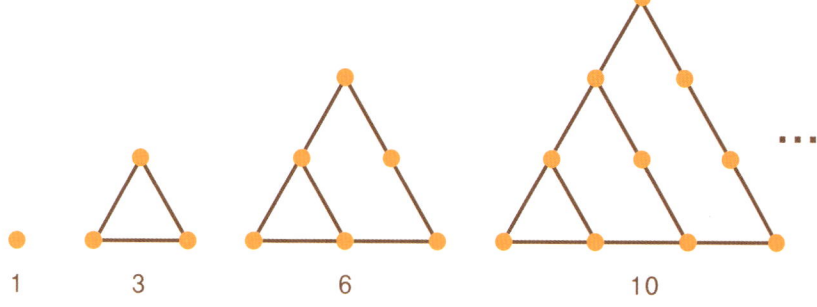

"엇? 그러네. 그러면 1, 3, 6, 10, 15는 삼각형이란 말이구나! 케이론 아저씨가 그랬잖아. 수가 도형으로 돼 있다고!"

"그래! 이건 삼각형이야! 삼각형으로 수를 만든 거야! 15 다음의 삼각수는 얼마일까?"

영재와 혜리는 얼싸안았다. 혜리는 점을 하나씩 더 찍어 봤다.

"으아악! 머리가 아파! 팬파이프 소리가 들려! 머리가 깨질 것 같아!"

갑자기 준이 머리를 부여잡고 바닥을 뒹굴었다. 영재가 발을 동동 구르면서 혜리를 재촉했다.

"점만 찍고 있으면 어떡해! 점을 찍어야만 삼각수를 알 수 있는 거야? 언제 다 찍을 거야?"

"아니야. 점을 안 찍어도 돼. 삼각수에는 규칙이 있어!"

"규칙? 오스타테 아저씨가 규칙을 알면 세상의 문제를 다 풀 수 있다고 했는데!"

영재의 말에 대답 없이 혜리는 덧셈을 하기 시작했다.

"삼각수 3은 1+2, 삼각수 6은 1+2+3, 삼각수 10은 1+2+3+4, 삼각수 15는 1+2+3+4+5.

그렇다면, 15 다음의 삼각수 1+2+3+4+5+6은?"

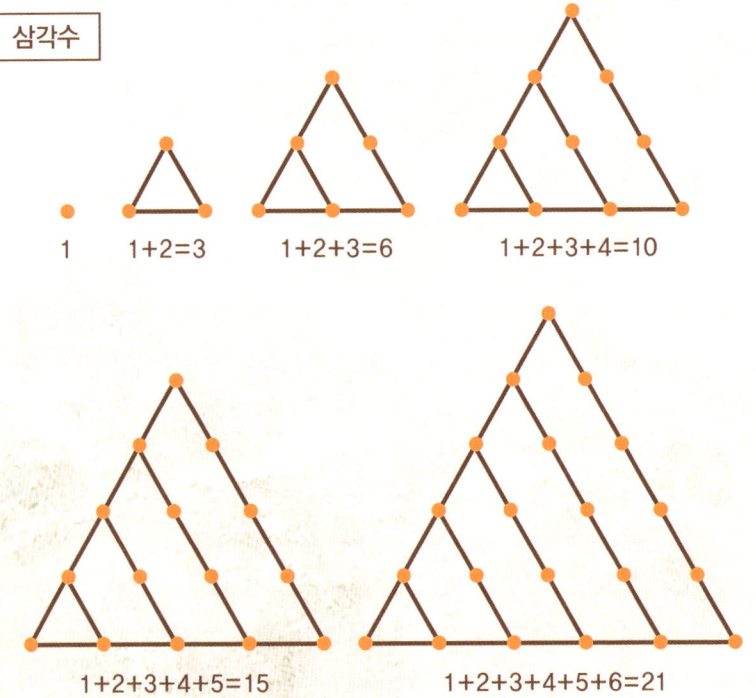

"21이잖아! 21!"

혜리가 외치면서 □안에 21을 써넣었다.

두두두두둑,

꼼짝하지 않던 육중한 돌문에 금이 가기 시작하더니 쾅 하고 산산조각이 나며 무너져 내렸다.

"우와! 문이 열렸어! 미로의 탈출구를 찾았어!"

"준아! 정신 차려! 일어나!"

영재와 혜리는 준을 흔들어 깨웠지만, 준은 의식을 차리지 못했다. 영재와 혜리는 준을 부축하고 돌문을 빠져나왔다.

"여기가 어디야? 탈출에 성공한 게 아니었어?"

영재와 혜리가 동시에 탄식을 터뜨렸다. 또 다른 미로가 눈앞에 펼쳐졌고, 어둠 저편 미로의 벽을 따라 영상들이 흐르고 있었다.

"저길 봐. 우리가 저기 있어!"

영재가 영상을 가리켰다. 그건 준과 영재, 혜리가 함께 운동장에서 노는 모습이었다. 또 준을 처음 만났을 때의 장면, 영재가 개그맨처럼 웃겨서 배를 잡고 뒹굴던 장면, 생일 노래를 함께 부르며 파티하는 장면 들이 천천히 지나갔다.

"우리는 지금 준의 기억 속을 지나고 있나 봐."

혜리의 눈시울이 붉어졌다. 삼총사가 우정을 쌓으며 함께 보냈던 시간을 마주하니 눈물이 쏟아질 것 같았다. 결국 영재는 "으허헝!" 하고 울음을 터뜨렸다.

"준아, 우리가 꼭 살려 줄게. 여기서 잠들면 안 돼. 우리가 꼭 이 미로에서 널 구할게."

준이 "으으윽!" 하고 고통스러운 신음을 흘렸다.

혜리와 영재는 눈물을 닦으면서 어둠 속을 계속 걸었다. 이번 미로는 특이하게도 삼각형이 아니라 사각형 모양이었다. 또 하나의 문이 아이들을 가로막았다. 녹이 슨 철문이었는데, 거기에도 알 수 없는 숫자들이 쓰여 있었다.

"이것도 삼각수일까? 내가 맞혀 볼게."

영재가 나섰지만, 답을 알아내지 못했다.

"이건 삼각수가 아니야. 좀 전과는 규칙이 달라."

혜리의 눈동자가 반짝였다.

"이것도 도형 모양을 가진 수야."

그러자 영재가 답답해서 펄쩍 뛰었다.

"도형이 어디에 있단 말이야? 내 눈엔 숫자밖에 안 보이는데!"

혜리는 바닥에 점을 찍기 시작했다.

"혜리야, 또 점을 찍는 거야? 점쟁이도 아니고 만날 점이야!"

"이건 사각수란 말이야. 사각수! 규칙을 찾아야 해. 규칙을 찾으면 다 풀릴 거야!"

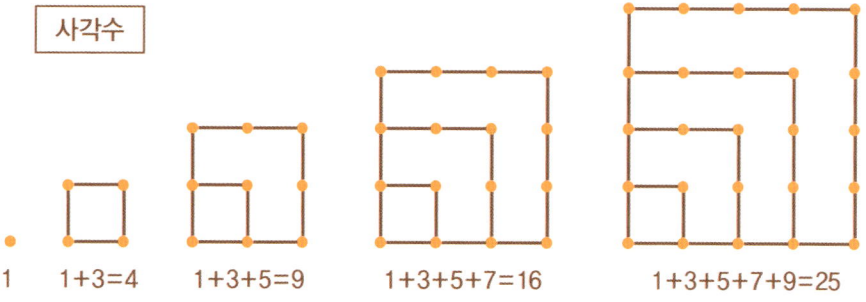

"알아냈어! □ 안에 들어갈 수는 36이야."

혜리가 소리쳤다. 아까 삼각수를 풀 때보다 훨씬 속도가 빨랐다. 영재가 놀란 눈을 더 크게 떴다.

"어떻게 금방 알아냈어?"

"삼각수와 다른 규칙을 알아냈어. 사각수는 홀수들을 합친 수야."

영재가 36이란 수를 □ 안에 써넣었다. 그러자 먼지를 뽀얗게 일으키며 철문이 큰 소리와 함께 뒤로 넘어갔다. 눈이 부시도록 환한 빛이 쏟아졌다. 그것은 잠을 깨우는 아침 햇살 같았다. 삼총사는 성큼 문 밖으로 발을 내디뎠다.

공포의 염소 인간 판

'패닉(panic)'이란 단어는 갑자기 몰려온 공포나, 겁에 질려서 허둥지둥하는 상태를 뜻한다.

패닉은 고대 그리스 신화의 '판'이라는 신에서 나온 말이다.

까아아악!

내가 정말 무섭지! 나는 사람들을 깜짝 놀라게 하는 재미로 살거든.

판은 상반신은 인간이고, 하반신은 염소다. 작은 뿔과 뾰족한 귀, 작은 꼬리를 갖고 있다.

알고 보면 나는 목축의 신이야. 목동들의 수호신이지.

우리도 무서워요.

성격이 난폭하고 야만적인 판은 아르카디아 계곡의 거친 언덕과 산들을 누비며 자유롭게 살았다.

왁! 까불지 마라!

끼아악!

그러던 어느 날 판은 산의 요정 시링크스를 보고 사랑에 빠졌다.

시링크스는 들판을 가로질러 계속 도망쳤지만 이내 큰 강이 시링크스를 가로막았다.

시링크스는 갈대로 변했다.

판이 만든 갈대 피리라고 해서 '팬 플루트'라고 부른다.

Mission 3

영웅의 몸을 되찾아라

· 측정 ·

미션 목표
- 삼각 측량은 어떻게 삼각형을 이용해 거리를 잴까?
- 길이와 넓이와 부피는 어떤 관계가 있을까?

헤리는 눈을 떴다. 영재가 미소를 지으며 자신을 내려다보고 있었다.

"다 잘됐어."

"준이는? 준이는 깨어났어?"

헤리는 벌떡 일어났다. 준이 고개를 내밀었다.

"헤리는 잠꾸러기! 이제 일어나니?"

준은 힘이 없어 보였지만 입가에 미소를 띠고 있었다. 셋은 얼싸안았다.

"그런데 준아, 네 모습이 지금……."

"그래, 원래대로 돌아와 버렸어."

준이 어깨를 으쓱했다. 늠름한 영웅의 모습은 온데간데없고 키 작은 초등학생으로 돌아와 있었다. 초라한 아기 사자 탈이 예전에 테세우스였다는 걸 짐작하게 해 줄 뿐이었다.

영재는 모닥불 옆에 있는 나뭇가지를 주워 준에게 내밀었다.

"준아. 이거 부러뜨려 봐."

"이쯤이야 아무것도 아니지. 나무를 뿌리째 뽑았는데!"

준이 힘을 주었다. 그런데 나뭇가지는 부러지지 않고, 오히려 준의 얼굴이 빨갛게 달아올랐다.

"초인의 능력이 어디로 간 거야?"

영재가 당황해서 물었다.

"이, 이럴 리가 없어! 이거 나뭇가지 맞아?"

준은 끙끙거리며 안간힘을 썼지만 소용없었다. 영재는 고개를 갸웃거리면서 준이 쥐고 있던 나뭇가지를 건네받았다. 딱 하고 단숨에 부러뜨렸다. 영재는 기뻐하기는커녕 걱정스러운 표정을 지었다.

"준이 나보다 더 힘이 약해졌어. 어쩌면 좋아? 어떻게 마녀 메데이아를 물리치지?"

영재가 걱정스러운 얼굴로 혜리를 쳐다보았다.

"아이게우스 왕의 아들은 테세우스잖아."

"그렇지."

"준이 테세우스가 아니라면, 아이게우스 왕이 아들로 인정

하지 않을 거 아냐? 그러면 준에게 신비 열쇠를 줄 리가 없잖아."

준은 창백한 얼굴로 실망에 빠졌다. 혜리는 준을 위로했다.

"준아, 너무 낙담하지 마. 테세우스로 되돌아갈 방법이 있을 거야. 그리고 영재야, 준을 몰아세우지 마. 준은 아직 회복하는 중이잖아."

"알았다, 알았어. 내가 준이한테 뭐라고 했다고 그래? 단지 우리 앞이 캄캄하다는 얘기를 한 거잖아. 앞으로 어떻게 해야 할지 앞날이 안 보인다고."

"케이론 아저씨라면 알지 몰라. 지금 약초를 구하러 가셨으니까 기다려 보자."

삼총사는 동굴 앞에서 케이론을 만났다. 삼총사는 그동안 겪었던 일들을 차례대로 꺼내기 시작했다. 지구에서 엘리베이터를 타고 갑자기 이 행성에 오게 된 이야기부터 시작해 준이 테세우스로 변한 이야기, 신비 열쇠를 찾기 위해 아테네의 아이게우스 왕을 찾아가는 이야기 등을 전했다.

"수학의 진리를 깨달을 때마다 초인의 능력이 생기면서 강해졌다는 말이지?"

케이론조차 놀랍다는 표정을 지었다.

"네, 제가 다시 테세우스로 변할 방법이 없을까요?"

준이 물었다.

"네가 바로 전설로만 듣던 수학 전사로구나. 네가 다시 수학 전사가 되려면 수학의 진리를 다시 찾아야 할 게야. 너 혼자의 힘으로 말이다. 그러면 잃어버린 테세우스의 능력을 다시 찾을 수 있어."

그때 영재가 초조한 얼굴로 끼어들었다.

"그런데 저희는 시간이 별로 없어요. 저희는 빨리 지구로 돌아가고 싶어요. 족발도 먹고 싶고요."

족발이라는 말에 혜리가 영재를 흘겨보았다. 케이론은 잠시 고민하다가 입을 열었다.

"준아, 너에게 수학의 진리를 깨우칠 수 있는 3가지 수수께끼를 내주마. 이 수수께끼들을 푼다면 새로운 진리를 깨달을 것이고, 잃어버린 힘을 되찾게 될 거야."

준을 비롯한 아이들은 케이론의 입에 주목했다.

"그렇지만 이 진리는 네가 알고 있던 수학과는 달라. 왜냐하면 잃어버린 너의 힘은 자연이 준 것이고, 우주에서 온 것이거든. 그래도 도전해 보겠니?"

"네! 끝까지 물고 늘어져서 풀어낼 게요!"

"준아, 잘 들어라.

첫 번째 수수께끼야. 사람이나 동물은 왜 눈이 2개일까?

두 번째 수수께끼다. 물고기는 왜 동그란 알을 낳고, 새는 왜 타원형 알을 낳을까?

마지막 세 번째 수수께끼. 자기 몸무게의 30~40배를 들어올리는 개미가 사람만큼 커졌을 때, 힘도 그만큼 세질까?

"이건 수학 문제가 아니라 과학 문제 아니에요?"

영재가 어리둥절한 표정을 지었다.

"허허허, 너희는 여전히 수학에 대해 잘못 알고 있구나. 수학은 문제를 풀기 위해 배우는 학문이 아니란다. 수학은 우리가 몰랐던 자연의 이치, 세상의 비밀을 알아내기 위해 연구하는 학문이지."

"아!" 하고 아이들은 감탄을 터뜨렸다.

"오스타테 아저씨도 비슷한 말씀을 하셨어요. 수학은 혼란스러워 보이는 세상의 원리를 알게 해 준다고요!"

"준아, 동물의 눈에 대한 수수께끼를 풀면 너의 시력은 좋아질 것이고, 물고기와 새의 알에 대한 수수께끼를 풀면 물고기처럼 자유롭게 헤엄치고 새처럼 몸이 가벼워질 것이야. 또 개미의 수수께끼를 풀면 개미처럼 강한 힘을 갖게 돼."

케이론은 혜리의 손바닥에 뭔가를 쥐어 주었다. 그것은 노란색 정오각형 천 조각이었다.

"진리의 별을 간직하렴. 만약 위험에 처하거나 내 도움이 필요하면 언제든 진리의 별을 불에 태워라."

삼총사는 케이론과 헤어지고, 다시 아테네로 향하는 길을 걷기 시작했다. 개울을 건너고, 오솔길을 걷고, 오르막과 내리막 길을 걸었다. 삼총사는 점점 지쳐 갔다. 특히 기운이 없는 준은 자꾸 뒤쳐졌고, 혜리와 영재는 더욱 힘이 들 수밖에 없었다. 결국 한쪽 발이 진흙탕에 빠진 영재가 짜증을 냈다.

"윽, 되는 일이 하나도 없네. 힘들고 배고파! 뱃가죽이 등가죽이랑 붙은 거 같아. 이러다 아테네까지 못 가고 길에서 굶어 죽겠어."

영재는 혜리의 부축을 받으며 따라오는 준을 쳐다보았다.

"언제는 이 행성을 구할 임무를 갖고 왔다는 둥 염소의 숲에 나오는 괴물을 한주먹에 없애 버리겠다는 둥 자만하더니, 이 꼴이 뭐야?"

영재는 길바닥에 있던 돌맹이를 툭툭 차면서 투덜거렸다. 준은 의기소침해서 어깨를 축 늘어뜨린 채 변명 한 마디 못했다.

"누가 염소의 숲에 우리를 끌고 들어가지만 않았어도 이렇게 고생하지는 않았을 텐데. 누가 나한테 쪽지만 안 보냈어도 나는 지금쯤 집에서 족발을 뜯으면서 만화영화를 보고 있을 거야."

보다 못한 혜리가 소리쳤다.

"그게 다 준이 때문이라는 거야?"

"그럼 누구 때문인데? 난 이 모험이 이제 지긋지긋해졌어! 아테네에 가면 뭘 하니? 우리는 마녀의 저녁거리밖에 안 될걸?"

영재는 입을 삐죽거렸다. 혜리는 한바탕 쏘아붙이려다가 준의 얼굴을 보고 참았다. 영재는 분이 안 풀려 씩씩거리다가 혼자 숲속으로 들어갔다.

"어디 가니? 멀리 가지 마. 위험하니까."

준이 영재를 불렀다.

"피, 날 걱정하지 말고 너희 걱정이나 하셔."

영재는 혀를 내밀고는 바위 뒤로 사라져 버렸다. 준은 더욱 실망에 빠졌다.

"우리가 왜 이렇게 다투게 됐을까? 다 나 때문이야. 내가 자만했기 때문이야."

"영재, 저 녀석! 변해도 너무 변했어. 원래 저러지 않았는데! 준아, 너무 속상해 하지 마. 영재가 힘들어서 잠깐 투정부리는 거니까. 영재는 배고픈 걸 못 참잖아."

혜리는 준의 축 처진 어깨를 토닥이며 위로했다.

숲속으로 홀로 들어간 영재는 먹을 걸 찾았다. 마침 산딸기처럼 빨간 열매가 나무에 주렁주렁 달려 있었다. 영재는 열매를 한 움큼 따서 입안에 털어 넣었다.

"으앗, 퉤퉤퉤."

어찌나 쓴지 입안이 얼얼했다. 뱃속에서는 천둥을 치듯 계속 꼬르륵 댔다. 그때 풀숲 사이로 돼지 족발이 삐죽 나와 있었다. 영재는 잘못 봤나 싶어 두 눈을 비볐다. 하지만 그것은 살이 포동포동 오른 족발이었다. 침이 입안 가득 고여서 폭포수처럼 흘러내렸다. 영재는 족발을 들고 힘껏 깨물었다.

"으아악!"

족발이 비명을 지르며 팔딱 움직였다.

"족발이 살아 있다니!"

"아이고, 다리야! 외다리가 될 뻔했네!"

"너, 넌 바로!"

돼지 괴물 프로키메데우스가 한쪽 다리를 잡고 뒹굴었다.

"미, 미안해. 너무 배가 고파서 그만……."

프로키메데우스는 눈물을 글썽이며 영재를 노려보았다.

"테세우스가 이제는 사냥을 안 하니? 아참, 이제는 테세우스가 아니라 꼬맹이 독고준이지? 나도 다 봤지. 볼품없이 변했더군. 쯧쯧쯧."

프로키메데우스는 혀를 찼다. 그러더니 벌렁 누워서 보따리에서 뭔가를 꺼내 쩝쩝거리며 먹기 시작했다. 그건 말린 고기 같았다.

"영재야, 독고준이 얄밉지 않아? 걔가 고집을 피워서 네가 고생을 하는 거잖아."

또다시 영재의 입에서 침이 줄줄 흘러내렸다.

"으응, 네 말이 맞아. 그런데 고기 한 입만 먹을 수 있을까?"

"에구구, 우리 영재, 우리 착한 도토리. 잘난 척하는 준이랑 준이 편만 드는 얄미운 혜리 때문에 얼마나 속상했을까? 나도 네 마음 잘 알아. 이거 먹을래?"

영재는 프로키메데우스 앞에 무릎을 꿇었다. 목구멍으로 답답하고 서글픈 마음이 치밀어 올랐다. 프로키메데우스는 손가락을 쪽쪽 빨면서 고기 한 점을 내밀었다. 영재가 덥석 고기를 잡으려고 하자 재빨리 고기를 등 뒤로 숨겼다.

"아참, 한 가지만 약속해 줄래? 준이랑 혜리는 나를 싫어하잖아. 그러니까 나를 만났다는 건 비밀로 해 줘. 나도 준이랑 혜리하고 친해지고 싶은 생각은 눈곱만큼도 없거든. 나는 너, 영재하고만 친하게 지낼 거야. 약속해 줄 거지?"

"무, 물론이지. 우리는 친구니까."

영재는 프로키메데우스가 내민 고기를 한입에 꿀꺽 삼켰다.

"아! 고기가 아니라 아이스크림이야! 입안에서 살살 녹아!"

프로키메데우스는 혀를 끌끌 차면서 마음껏 먹으라고 고기를 보따리 채 내놓았다.

"친구야, 먹을 거 걱정은 하지 마. 앞으로 내가 갖다 줄게. 나는 네 편이니까. 우리는 비밀을 나눈 친구야. 친구는 소중한 거야. 알았지?"

"그래, 그래. 우리는 친구야."

영재는 입안 가득 고기를 욱여넣으면서 고개를 끄덕였다. 그런 영재의 모습을 풀숲에 숨어 몰래 훔쳐보는 눈동자가 있었다. 어둠 속에서 반짝이는 두 개의 눈동자. 그건 떠돌이 개였다.

그때 아이들의 목소리가 들려왔다.

"영재야, 어디 있니? 영재야, 내가 자두를 따 왔어. 같이 먹자."

혜리였다. 프로키메데우스는 또 오겠다고 약속하고는 푸다닥 숲속으로 사라졌다. 영재는 얼른 입가를 닦고 산을 내려갔다.

"난 안 먹을래. 너희나 다 먹어."

영재는 고개를 돌려 버렸다.

"웬일이야? 먹을 걸 다 마다하고. 아직 화가 안 풀렸어?"

혜리가 영재를 향해 고개를 내밀면서 웃었다. 영재는 입에서 고기 냄새가 날 것 같아서 자리를 피했다.

"아니야. 배가 아파서 그래. 그리고 신 거 안 좋아해."

영재는 먼 산을 바라보다가 준과 혜리를 힐끔 쳐다보았다. 준은 힘을 내려고 벌레 먹은 자두까지 꾸역꾸역 먹었다.

"저 산만 넘으면 아테네야. 펠리온 산이래."

몹시 험해 보이는 산 앞에 삼총사들이 섰다. 다시 힘을 내어 계곡을 따라 산을 올라갔다. 얼음처럼 매서운 바람이 날카롭게 몰아쳤다.

"괴물이 나오면 어떻게 하지? 이런 곳에 주로 괴물들이 살던데……."

"그런 소리하지 마! 재수 없단 말이야!"

영재의 말에 혜리가 주의를 주었다. 그런데 영재의 말이 딱 들어맞았다.

크아앙, 크앙.

맹수가 울부짖는 소리가 등 뒤에서 들렸다. 눈 표범이었다. 눈처럼 하얀 털에 검은 장미꽃 무늬가 나 있었다. 눈 표범은 눈동자를 번뜩이며 이빨을 드러냈다.

"도망쳐!"

삼총사는 계곡을 따라 뛰었다. 그러나 눈 표범은 바위를 가볍게 타고 내려와 쫓아왔다. 눈과 얼음으로 뒤덮여 있어 바위 근처는 미끄러웠다.

바위를 오르다가 준이 미끄러지고 말았다. 눈 표범이 펄쩍 뛰어 바위로 올라섰다.

크악!

눈 표범이 이빨을 드러내며 한 걸음 두 걸음 다가왔다. 눈 표범은 준의 얼굴을 향해 입을 크게 벌렸다.

"으악!"

"비켜!"

그때 어디선가 돌멩이가 날아왔다. 준은 납작 엎드렸다.

돌멩이가 계속 날아와 눈 표범의 몸과 머리에 맞았다.

크악, 캭!

눈 표범은 발톱을 드러내며 성질을 부렸지만, 돌멩이를 피하지는 못했다. 눈 표범은 결국 포기를 하고 도망쳤다.

"준아, 괜찮니?"

혜리와 영재가 걱정스러운 얼굴로 다가왔다.

"응, 난 괜찮아. 돌멩이를 누가 던진 거니?"

털가죽과 털모자를 입은 여자아이가 모습을 드러냈다. 여자아이는 손에 무릿매를 들고 있었다. 돌을 끈에 매어서 휘둘러 멀리 날아가게 하는 무기였다.

준은 양치기 다윗이 거인 골리앗을 물리친 무기가 무릿매였다는 걸 책에서 본 적이 있었다.

"내 이름은 모이라이야. 반가워."

크고 맑은 검은 눈동자를 가진 소녀는 해맑게 웃었다. 삼총사는 모이라이와 금방 친해졌다. 삼총사가 지쳐 있는 모습을 보고 모이라이가 말했다.

"나는 라피타이 족이야. 우리 부족이 사는 곳이 여기서 멀지 않아."

"네 부족이 사는 곳에서 잠시 쉬었다가 가도 되니?"

혜리가 물었다. 모이라이는 흔쾌히 수락했다.

라피타이 족이 사는 마을은 흥겨운 분위기로 들썩였다.

"너희는 운이 정말 좋다. 내일이 부족장님의 결혼식이거든."

모이라이는 마을의 부족장인 페이리토스에게 아이들을 안내했다. 페이리토스는 한눈에 보기에도 보통 사람과 달랐다. 덩치가 거인처럼 크고, 나무를 뿌리째 뽑을 정도의 근력을 가진 사나이였다. 페이리토스는 뿔이 달린 투구를 쓰고, 호랑이 가죽의 옷을 입고 있었다. 그는 곰이 입을 벌리고 있는 가죽 의자 위에 거만하게 앉아 있었다.

"아네테로 가는 여행자들입니다. 결혼식에 초대를 했어요."

모이라이가 소개하자 삼총사는 인사를 올렸다. 페이리토스는 준이 쓴 사자 가죽을 보고 가소롭다며 놀렸다.

"꼬맹이한테 어울리지 않는 사자 가죽인걸. 캬하하! 너무 무거워 숨이 막히겠구나. 어디서 주운 것이냐?"

준은 할 말이 없어 고개를 떨구었다. 모이라이는 삼총사에게 쉴 수 있는 천막과 따뜻한 음식을 마련해 주었다.

"이게 대체 얼마 만이냐? 와, 천국이 따로 없네."

삼총사는 오랜만에 마음 편하게 쉬었다. 아직 대낮인데, 혜리와 영재는 얼었던 몸이 녹으면서 잠에 곯아떨어졌다. 그러나 준은 고민이 많아 잠들 수가 없었다.

"돼지 괴물 프로키메데우스, 고기를 줘. 우리는 친구잖아.

쩝쩝쩝."

영재가 잠꼬대를 했다.

"무슨 소리를 하는 거지? 녀석, 얼마나 배가 고팠으면."

준은 잠이 든 혜리와 영재의 얼굴을 물끄러미 바라보았다.

'친구들아, 미안해서 견딜 수가 없구나. 내가 테세우스의 힘을 잃어버리지 않았다면, 이렇게 고생시키지 않았을 텐데.'

뜨거운 눈물이 볼을 타고 흘렀다. 준은 울음소리에 친구들이 깰까 봐 천막 밖으로 나왔다.

"케이론 아저씨가 준 세 가지 수수께끼를 풀어야 하는데! 동물의 눈, 새의 알, 개미의 힘. 대체 이걸 수학으로 어떻게 풀지? 온갖 수학 문제를 풀어 봤지만, 이런 문제는 상상조차 못한 문제야."

준은 답답해서 미칠 것 같았다. 머리를 쥐어뜯고, 바닥에 발을 구르고, 한숨을 쉬며 제자리를 빙글빙글 돌았다.

"자, 받아라!"

저쪽에서 아이들이 야구 비슷한 공놀이를 하고 있는 게 보였다. 그런데 어떤 여자아이가 따돌림을 당하고 있었다.

"메델! 넌 저리 비켜!"

메델이라고 불린 여자아이는 얼굴이 빨개져서 구석에 쪼그리고 앉았다. 메델의 한쪽 눈은 다쳐서 붕대로 감싸 있었다. 삼 총사를 눈 표범에게서 구해 줬던 모이라이가 메델을 안고 준에게 다가왔다. 메델이 옆에서 투덜거리며 말했다.

"나는 공이 잘 안 보여. 공을 치려고 하면 자꾸 빗나가. 한쪽 눈만 보이니까. 두 눈이 다 보였을 때는 내가 공을 제일 잘 쳤는데!"

메델은 붕대로 감싼 눈을 가리켰다.

"한쪽 눈으로만 보려니 잘 안 보인다고? 한쪽으로도 충분히 보일 텐데?"

메델은 준에게 한쪽 눈을 가리라고 했다. 그리고 잡아 보라면서 작은 나뭇조각을 던졌다.

그런데 메델의 말대로 나뭇조각을 놓치고 말았다. 나뭇조각은 준의 이마에 적중했다. 모이라이와 메델이 웃었다.

"호호호, 거 봐. 한쪽 눈만 보이면 물체와의 거리를 알 수 없어. 그리고 입체적인 모습도 알아내지 못해."

모이라이는 바늘을 주면서 한쪽 눈을 감고 실을 꿰어 보라고 했다. 그런데 실은 바늘구멍으로 들어가지 않고 자꾸 빗나갔다. 준은 다시 두 눈을 뜨고 바늘귀에 실을 꿰어 보았다. 그러자 단번에 실이 꿰어졌다.

준이 벌떡 일어나며 소리쳤다.

"이제 알겠어! 사람에게 눈이 왜 두 개인지!"

"그게 뭔데?"

모이라이가 물었다.

"삼각형이야!"

"삼각형이라니?"

"사람이 무엇을 볼 때, 두 눈과 물건 사이에는 보이지 않는 삼각형이 생겨. 삼각형이 생긴다는 것은 어떤 하나에 초점이 맞춰진다는 뜻이잖아."

준은 바닥에 그림을 그렸다.

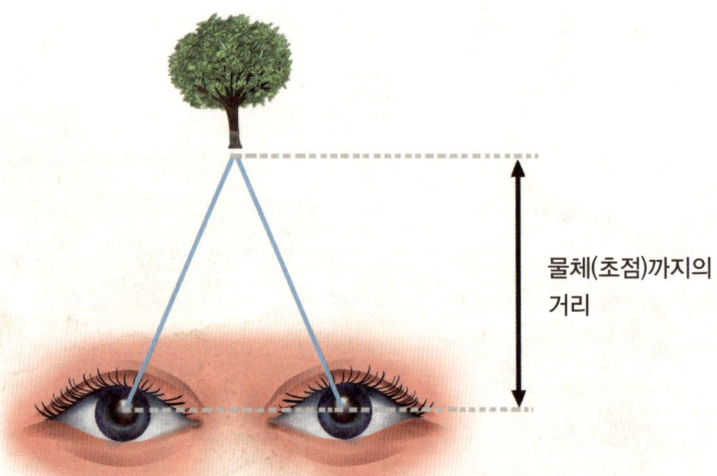

"두 눈 사이에는 삼각형의 밑변이 만들어져. 그리고 초점이 되는 물체는 꼭지점이 되고, 양쪽 눈에서 물체까지 두 개의 변이 생기지. 우리의 뇌는 밑변의 길이와 양끝 각의 크기를 자동으로 계산해. 그래서 물체(초점)까지의 거리를 정확하게 알아내지."

준이 알아낸 것은 바로 '삼각측량'이었다. 삼각측량은 삼각형의 한 변의 길이와 두 개의 끼인 각을 알면, 그 삼각형의 모든 변의 길이와 모든 각을 알 수 있다는 원리를 이용한 측량 방법이었다.

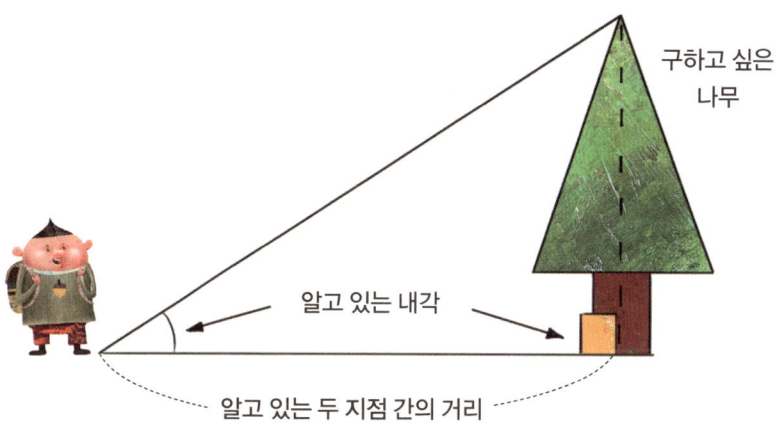

"케이론 아저씨가 낸 첫 번째 수수께끼를 풀었어! 이제 다시 초인 테세우스로 변할 거야!"

그러나 준의 몸에는 아무런 변화가 없었다.

"어라? 케이론 아저씨가 첫 번째 수수께끼를 풀면 시력이 좋아질 거라고 했는데?"

준은 실망했지만 두 번째 수수께끼에 도전했다. 두 번째 수수께끼는 '물고기는 왜 동그란 알을 낳고, 새는 왜 타원형 알을 낳을까?' 이었다.

"모이라이, 혹시 새알에 대해 잘 아니?"

"새알? 새알이라면 저 숲에 많지."

모이라이는 준과 아이들을 데리고 숲으로 갔다.

나무 위에는 새 둥지들이 있었다. 아이들은 원숭이처럼 나무를 아주 잘 타더니 둥지에서 새알을 꺼내 내려왔다. 준도 나무를 기어 올라갔다. 그런데 얼마 올라가지 못하고 미끄러지면서 엉덩방아를 찧고 말았다. 아이들이 까르르 웃어 댔다.

"여기 봐, 새알."

모이라이가 손바닥을 펴자, 점박이 새알 세 개가 보였다. 새알은 원뿔처럼 한쪽 끝이 좁은 타원형이었다. 준이 지구에서 즐겨먹던 달걀과 모양이 비슷했다.

"물고기 알도 볼 수 있을까?"

"넌 알을 좋아하는구나!"

준의 부탁에 모이라이는 개울로 갔다. 바위를 들추면서 물고기 알을 찾았다.

"여길 봐. 개구리 알이 있어."

모이라이가 가리킨 곳에 동그란 개구리 알이 붙어 있었다. 모이라이는 물고기가 낳은 알도 보여 주었다. 물고기 알 역시 구슬처럼 동글동글했다.

"내가 예전에 해변으로 알을 낳으러 온 거북을 본 적이 있어. 거북 알도 동글동글했어."

모이라이는 기억을 더듬으며 말을 이었다.

"그런데 높은 절벽이나 높은 나무에 둥지를 틀고 사는 새일수록 원뿔처럼 한쪽 끝이 좁은 타원형 알을 낳더라. 독수리가 낳은 알도 타원형, 종달새가 낳은 알도 타원형, 뻐꾸기가 낳은 알도 타원형. 새들이 낳는 알은 다 타원형이야."

준은 깊은 생각에 잠겼다.

'왜 물고기는 동그란 알을 낳고, 새는 왜 타원형 알을 낳을까?'

그때 모이라이가 바위 위에 놓아 둔 새알이 데굴데굴 내려가다가 어느 순간 저절로 멈추었다. 그 순간, 번개 같은 생각이 준의 머릿속을 때렸다.

"알아냈어! 수학이야!"

"무슨 소리야?"

"공은 잘 굴러가잖아. 만약 새알이 공처럼 둥글면 잘 굴러가겠지. 그런데 거북 알은 모래 속에 숨겨져 있기 때문에 굴러가지 않아. 물고기 알도 물속에 있기 때문에 물에 떠다니지 굴러가지는 않아. 그래서 동그란 모양이어도 돼. 하지만……."

"하지만?"

"새알은 다르잖아. 새는 둥지에 알을 낳아. 둥지의 알이 공처럼 둥글면 굴러가서 둥지 밖으로 떨어질 수 있잖아. 높은 절벽이나 높은 나무의 둥지일수록 알은 더 위험해져. 그런데 원뿔처럼 한쪽 끝이 좁은 타원형이라면 이야기는 달라져. 잘 굴러가지 않아. 어느 정도 굴러가다가 저절로 멈춘다고! 새들은 이런 원리를 이용해서 타원형의 알을 낳는 거야! 알을 보호하기 위해서!"

"캬하! 새들이 그런 지혜를 갖고 있다니!"

모이라이가 감탄했다.

준은 두 번째 수수께끼를 풀었지만, 여전히 준의 몸에는 아무런 변화가 없었다.

'물고기와 새의 알에 대한 수수께끼를 풀면 내 몸이 물고기처럼 자유롭게 헤엄칠 수 있고, 새처럼 몸이 가벼워진다고 했는데……. 설마 케이론 아저씨가 초인의 능력을 되찾는 법을 잘못 가르쳐 준 건 아니겠지?'

준은 마지막 수수께끼에 기대를 걸 수밖에 없었다.

준은 숲속에 혼자 앉아 개미집을 살펴보았다.

수많은 개미들이 자신의 몸보다 훨씬 큰 나뭇잎을 들기도 하고, 힘을 모아 자신들에게는 거인이나 다름없는 딱정벌레를 공격해 먹이로 삼기도 했다.

"개미는 사람보다 힘이 센 걸까?"

준은 뙤약볕 아래에서 개미집을 들락거리는 개미떼를 보면 시간 가는 줄 몰랐다.

사람이 자신의 몸보다 더 큰 짐을 들고 가는 것은 너무나 힘

든 일이다. 그러나 개미는 자신의 몸보다 몇 배 아니 몇 십 배 더 큰 먹이를 문 채 벽이나 나무를 타고 기어오를 정도다.

"이 정도면 히어로야. 만약 개미가 사람만큼 덩치가 커진다면 집도 들 수 있겠어!"

준은 문득 아빠와 함께 올림픽 경기를 본 기억이 떠올랐다. 우리나라 선수가 역도 시합에 출전해서 준과 아빠는 목이 터져라 응원을 했다.

역기를 들 때마다 역도 선수들의 근육이 불끈거렸다. 몸무게 100 kg의 선수가 역기 258 kg을 들어 세계 신기록을 세웠다. 안타깝게도 우리나라 선수는 탈락하고 말았다.

"와! 나는 50kg도 못 드는데 대단하네요!"

보통 사람들은 자신의 몸무게만큼 드는 것도 힘들지만, 역도 선수들은 자신의 몸무게보다 2배 이상 되는 무게를 든다고 아빠가 말했다.

"준아, 개미는 40배까지 들 수 있다더라."

"40배나요? 우와!"

준은 그때 아빠한테 개미가 사람만큼 커지면 어떻게 될지 못 물어본 게 후회스러웠다.

"아, 답답해. 너희는 왜 힘이 세니? 사람만큼 덩치가 커져도 힘이 셀까?"

어느새 해가 지고, 마을은 황혼에 물들었다.

숲에 어둑어둑 어둠이 내릴 때까지 준은 꼼짝하지 않았다. 답을 얻지 못했기 때문이다.

땅거미가 짙게 깔려 개미가 눈에 보이지 않게 되었을 때에야 준은 정신을 차렸다.

"아, 모르겠어! 여기서 포기해야 하나?"

준은 어깨가 축 쳐진 채 터벅터벅 걸어 마을로 돌아왔다. 절망이 어둠처럼 준에게 내려앉았다.

마을에서는 내일 있을 축제를 맞아 결혼식을 올릴 무대를 돌로 쌓고 있었다.

"시간이 없다! 서둘러라! 결혼식을 망칠 셈이냐?"

마을의 부족장인 페이리토스가 소리쳤다.

한 남자가 돌을 옮기다가 힘에 겨워 "쿵!" 하고 놓치고 말았다. 페이리토스는 쯧쯧 하고 혀를 찼다.

페이리토스가 몸에 걸친 호랑이 가죽을 벗자 우람한 근육이 번들거렸다.

"으랏차차!"

페이리토스는 세 사람이 간신히 들 만큼 무거운 돌을 혼자서 거뜬히 들어 옮겼다.

"후와!"

마을 사람들이 손뼉을 쳤다. 페이리토스는 으쓱하면서 팔의 근육을 자랑했다.

"부족장님, 어떻게 그렇게 힘이 센가요?"

준이 물었다.

"후후, 힘이 세다는 것은 근육이 물건을 들어 올릴 수 있는 힘이 크다는 뜻이란다. 근육이 물건을 들어 올리는 힘은 근육의 굵기와 관련이 있지. 그러니 너도 근육을 키우렴. 아주 허약해 보이는구나. 쯧쯧."

부족장은 안쓰러운 눈길로 준을 훑어보았다. 테세우스였을 때의 준은 페이리토스보다 더 강했지만, 지금은 개미보다 힘없는 존재로 보였다.

페이리토스는 옆에 서 있는 콧수염 부하에게 물었다.

"무대로 쌓을 돌은 충분하느냐?"

"보십시오. 정육면체로 반듯하게 준비해 두었습니다."

콧수염 부하가 가리킨 곳에는 돌들이 나란히 있었다. 부하는 설계도를 보여주며 묻지도 않은 설명을 자랑스럽게 늘어놓았다.

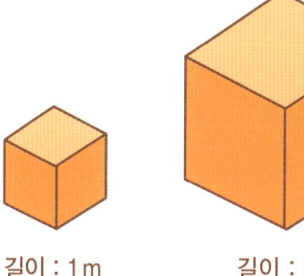

길이 : 1m
밑넓이 : 1m²
부피 : 1m³

길이 : 2m
밑넓이 : 4m²
부피 : 8m³

"왼쪽은 한 변의 길이가 1m인 정육면체 돌들이고, 오른쪽은 한 변의 길이가 2m인 정육면체 돌들이지요. 그래서 작은 정육면체의 밑넓이는 $1 \times 1 = 1(m^2)$이고, 큰 정육면체의 밑넓이는 $2 \times 2 = 4(m^2)$지요. 그래서 큰 정육면체의 밑넓이는 작은 정육면체의 밑넓이의 4배입니다. 제가 이렇게 정확합니다! 헤헤헤."

복잡한 얘기가 나오자 페이리토스는 헛기침을 하며 고개를 돌렸다. 준이 알아듣고 끼어들었다.

"변의 길이의 비가 1 : 2일 때, 넓이의 비는 1 : 4가 되는 거군요!"

"그렇단다. 나는 부피도 계산해 보았지. 두 정육면체의 부피를 계산해 보면, 한 변의 길이가 1m인 정육면체의 부피는 $1 \times 1 \times 1 = 1(m^3)$, 한 변의 길이가 2m인 정육면체의 부피는 $2 \times 2 \times 2 = 8(m^3)$란다. 내가 이렇게 정확하지, 헤헤헤."

"아하, 큰 정육면체의 부피는 작은 정육면체의 부피의 8배가 되는 거네요?"

"오호, 너도 수학을 좀 하는구나. 우리 마을에서는 내가 수학을 제일 잘 하는데, 우리는 말이 좀 통하는걸?"

페이리토스의 부하는 준을 좋아했다.

"이봐, 조용히 못 해! 바쁘게 일하는 사람들 옆에서 왜 수다를 떨고 있어?"

페이리토스가 부하를 향해 성질을 부렸다. 부하는 "이크!"

하고 얼른 작업장으로 돌아갔다.

　준은 혼자 남아서 제단 쌓는 일을 가만히 지켜봤다. 준의 상상 속에서 작은 정육면체는 개미로, 큰 정육면체는 사람으로 변했다.

　"길이가 2배로 늘어나면 넓이는 4배가 되고, 부피는 8배가 된다고……? 부피가 8배가 되면 무게도 8배가 되는 건데……."

　뭔가 번쩍, 하고 스치는 생각이 있었다. 준은 막대를 들고 바닥에 그림을 그렸다.

　사람이 물건을 들어 올리는 힘이 크다는 것은 근육의 힘이 크다는 뜻이었다. 근육의 힘이 크다는 것은 근육의 굵기가 크다는 뜻이었다. 즉, 힘은 근육의 굵기에 비례했다.

　준은 생각하고 또 생각했다. 생각이 막히면 그림을 하나씩 그려가면서 처음부터 차분하게 따져보았다.

　"모든 도형은 길이가 2배가 되면 넓이는 4배, 부피는 8배가 되는 거야. 개미의 경우도 길이(키)가 2배로 늘어나면 넓이는 4배, 부피는 8배가 되는 거지. 근육만 따로 생각하더라도 전체 길이(키)가 2배로 늘어나면 근육의 굵기는 4배, 근육의 부피는 8배로 늘어나. 하지만 여기서 중요한 것은 힘이 근육의 굵기에 비례한다는 거야."

그때 준은 "앗!"하고 소리쳤다.

키가 2배가 되면 근육의 굵기(표면적) 즉 근육의 넓이가 4배가 된다는 사실이 문제를 풀어내는 실마리였다.

준은 개미가 자신만큼 커지는 경우를 생각해 보기로 했다.

"키 1 cm에 몸무게 0.01 g인 개미가 최대로 들 수 있는 무게는 몸무게의 40배인 0.4 g 정도라고 가정하자. 그리고 나는 키 100 cm에 몸무게 20 kg이고, 몸무게의 2배 정도인 40 kg을 들 수 있다고 하자. 이런 개미가 나만큼 커지면 힘도 그만큼 커질지 계산해 보는 거야."

준은 바닥에 그림을 그려가며 생각을 정리했다.

"개미가 나만큼 커진다면, 개미의 길이는 100배만큼 커지므로 근육의 굵기는 $100 \times 100 = 10{,}000$배로 커지겠지. 그리고 힘은 근육의 굵기에 비례하므로 나만큼 커진 개미가 옮길 수 있는 무게는 $0.4 \times 10{,}000 = 4{,}000 \text{ g} = 4 \text{ kg}$으로 증가해. 원래 내가 40 kg을 들 수 있었던 것과 비교하면, 변신한 개미의 힘은 나보다 10분의 1에 불과해. 따라서, 개미가 사람만큼 커진다면 키(길이)와 근육의 굵기, 부피는 비례해서 늘어날지라도 힘은 부피와 똑같이 비례해서 세지지는 않는 거야."

준의 머릿속이 소용돌이쳤다. 허리케인처럼 모든 걸 휩쓸었다. 그리고 그 중앙은 허리케인의 눈처럼 수학의 진리가 빛났다.

준은 흥분해서 몸을 떨었다. 케이론이 낸 마지막 수수께끼를 풀어낸 것이다.

"영재야, 혜리야! 알아냈어! 내가 다시 테세우스로 돌아갈 수 있게 됐어!"

준은 친구들이 자고 있는 천막으로 달려갔다.

나만큼 커진다고 힘도 세지는 건 아니야.

① 사람
키 : 100 cm
몸무게 : 20 kg
들 수 있는 무게 : 40 kg

② 개미
키 : 1 cm
몸무게 : 0.01 g
들 수 있는 무게 : 0.4 g

③ 개미에서 사람으로 커진다면
키 : 100 cm
몸무게 : 10 g
근육의 굵기 : 100^2 = 10,000배
들 수 있는 무게 : 0.4 × 10,000
= 4,000 g = 4 kg

$\frac{1}{10}$ 로 줄었음.

켄타우로스 족은 난폭하고 싸우기를 좋아하는 종족이지만, 그 중에는 현자가 있었다.

내 이름은 케이론. 의술, 음악, 사냥, 예언…… 못하는 게 없지.

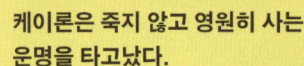

케이론은 죽지 않고 영원히 사는 운명을 타고났다.

너무 오래 사는 거 아닌가? 내 나이가…… 까먹었네.

케이론은 올림포스 12신 중의 한 명인 태양의 신 아폴론과 달의 여신 아르테미스에게 가르침을 받았다.

그리스 신들에게 배워서 모르는 게 없어!

케이론은 현명하고 뛰어난 학자이면서 세상을 꿰뚫어보는 현자가 되었다. 그래서 신들은 자식이 태어나면 케이론에게 교육을 맡겼다.

우리 아이를 가르쳐 주시오!

우리 아이도요!

학원이 미어터지네.

Mission 4

저승의 신 하데스를 속여라

· 도형 ·

미션 목표

- 각도기가 없이 직각을 만들려면 어떻게 해야 할까?
- 변의 길이가 3:4:5인 도형을 만들면 어떤 도형이 될까?
- 소리의 높낮이에도 수학이 적용될까?

"변했다고? 영웅의 힘을 되찾게 됐단 말이야?"

헤리와 영재는 준의 말을 듣고 펄쩍 뛰며 기뻐했다.

"그렇다면 테세우스! 저 나무 한 번 뽑아 봐."

영재는 아름드리나무를 가리키며 준에게 말했다.

"까짓 것! 으라차차!"

하지만 나무는 꼼짝하지 않았다.

"이상하네. 케이론 아저씨가 낸 문제를 모두 풀었는데……."

준의 얼굴이 빨갛게 달아올랐다.

"에잇, 뭐야. 우리를 놀리는 거야?"

영재는 실망한 얼굴로 투덜댔다.

"그, 그게 아니야. 내가 분명히 문제를 풀었단 말이야."

"됐어! 저리 가!"

준은 영재를 붙잡았지만, 영재는 짜증을 내면서 천막 안으로 들어가 버렸다.

"준아, 나는 널 믿어. 너는 혼자서 온갖 문제를 풀곤 했잖아. 그럴 때마다 선생님도 놀랐고, 우리 반 애들 모두 놀랐어."

혜리는 준의 어깨를 토닥이며 위로했다. 준은 눈물이 쏟아질 것 같아 얼른 하늘을 쳐다보았다. 그때였다.

"결혼식이 시작된대! 어서 와 봐!"

모이라이가 삼총사를 불렀다.

결혼식은 규모가 크고 화려했다. 멋지게 차려입은 페이리토스와 아름다운 신부가 입장할 때 부족들은 꽃비를 뿌렸다. 이웃 마을에서 초대 받은 손님들이 많았다. 그런데 유난히 큰 소리로 노래를 부르면서 거칠게 소리치는 손님들이 있었다.

"저길 봐. 사람이 아니야!"

혜리가 가리킨 사람들은 상체는 사람이고 하체는 말의 모습을 하고 있었다. 상체도 털투성이어서 사람보다 동물에 더 가까워 보였다. 그들은 현자 케이론과 같은 모습이었지만, 케이론과는 다르게 무례하고 험악했다.

"크하하하! 신부가 예뻐서 신랑은 좋겠네. 어쭈쭈쭈!"

그들은 대놓고 페이리토스 부족장을 놀려 댔다.

모이라이가 이맛살을 찌푸리며 삼총사에게 조용히 말했다.
"저들은 켄타우로스 부족이야. 우리 부족과는 사이가 좋지 않아서 종종 다퉜는데, 앞으로는 싸우지 않겠다는 맹세를 하고 초대된 거야."

결혼식을 마치고 성대한 파티가 열렸다. 맛있는 음식들이 푸짐하게 차려지고, 흥겨운 음악이 분위기를 돋웠다. 혜리는 준에게 오늘만큼은 걱정을 잊고 마음껏 먹고 즐기자고 했다. 영재는 양손에 돼지다리를 잡고 정신없이 뜯었다. 준의 일행을 따라온 떠돌이 개도 구석에서 뼈다귀를 씹었다. 기분이 한껏

좋아진 영재는 볼록 나온 배를 흔들면서 사람들과 어울려 춤을 추었다.

파티의 열기는 점점 더 달아올랐다. 켄타우로스 족과 라피타이 족은 포도주 통을 쌓아 놓고 누가 더 많이 마시는지 내기를 했다. 양쪽 부족을 대표하는 덩치 큰 사내들은 쉬지 않고 술을 퍼부어 댔다. 결국 라피타이 족의 사내가 정신을 잃고 바닥에 쓰러지자, 켄타우로스 족들은 환호를 올렸다. 그러자 라피타이 족의 한 남자가 불만스러운 얼굴로 책상을 주먹으로 쾅 쳤다.

"인간도 아닌 것들이! 결혼식에 초대해 줬더니 고마운 걸 몰라!"

"지금 뭐라고 했어? 뭐? 우리가 인간이 아니라고? 누가 더 인간다운지 알아볼까?"

켄타우로스 족들의 사내들이 기세등등하게 몰려나왔다. 라피타이 족의 사내들이 물러서지 않고 모욕적인 말을 퍼부었다.

"너희는 짐승이야! 인간은 너희처럼 무례하지 않아! 털 많은 짐승들아!"

"가만 안 두겠어! 더는 못 참아!"

켄타우로스 족과 라피타이 족은 음식을 마구 던지고, 식탁을 뒤집고, 상대방을 향해 물건들을 내던졌다. 결혼식 파티는 엉망이 되었고, 수십 명의 켄타우로스들과 라피타이들은 밀고 잡아채고 서로 엉겨 붙어 싸웠다. 그런데 그때 2층에서 춤을 추던 영재가 이들의 싸움에 휘말려 버렸다. 영재는 이쪽으로 저쪽으로 밀쳐졌다.

"영재야, 위험해!"

준이 계단 밑에서 외쳤다. 하지만 영재는 맥없이 뒤로 자빠지면서 계단 아래로 굴렀다. 그 위에 켄타우로스의 발길질이 더해지자 영재는 계단 밑에 창을 든 갑옷 위로 떨어지고 말았다. 준과 혜리가 뛰어갔지만, 갑옷의 긴 창이 영재의 가슴을 찌르고 말았다. 영재의 입에서 피가 울컥 쏟아졌다.

"안 돼! 영재야!"

준과 혜리가 신음하는 영재 앞에 무릎을 꿇었다. 그때 라피타이 족의 부족장 페이리토스가 달려와 영재의 가슴에 박힌 창을 뽑았다.

"빨리 피를 막아!"

한 노인이 천으로 영재의 가슴을 압박했다. 준과 혜리가 영재의 손을 꼭 잡았다. 뺨으로 눈물이 하염없이 흘렀다.

"미안해. 너희랑 같이 집에 돌아가고 싶었는데, 아무래도 힘들 것 같아……."

영재는 쇳소리 같은 거친 소리를 토해 냈다.

"영재야! 정신 차려! 잠들면 안 돼!"

그러나 영재는 힘없이 고개를 떨구었다. 영재의 상처 부위를 누르던 노인이 영재의 목덜미에 손을 갖다 대더니 얼음처럼 굳어졌다.

"빨리 영재를 살려 주세요! 잠깐 정신을 잃었을 뿐이에요! 영재가 죽을 리 없어요!"

페이리토스도 노인도 이미 늦었다면서 고개를 저었다. 축 처진 영재의 몸이 차가운 바닥에 눕혀졌다. 준과 헤리는 절망에

빠져 머릿속이 하얗게 변했다. 혜리는 영재의 볼을 쓰다듬으면서 눈물을 흘렸다. 준은 페이리토스를 부여잡고 영재를 살려 달라고 애원했다. 하지만 페이리토스는 힘없이 돌아섰다. 켄타우로스와 라피타이의 싸움은 멈춰졌다.

파티는 슬프게 끝났다. 달도 별도 뜨지 않는 깊은 밤, 차갑게 식은 단상 위에 영재가 조용히 누워 있었다. 금방이라도 벌떡 일어나서 "다 장난이었어! 속았지?" 하면서 영재가 깔깔 웃을 것 같았지만, 아무 말이 없었다.

우우우, 우우우.

떠돌이 개가 밤하늘을 향해 울부짖었다. 어둠 속에서 페이리토스 부족장이 나타났다. 결혼식을 마친 신랑이었지만, 얼굴은 차가운 돌처럼 굳어 있었다.

"이런 일이 생기다니, 참으로 가슴 아프구나. 내일 아침 네 친구의 장례식을 정성을 다해 치르라고 명령해 두었다."

"그럴 순 없어요! 우리는 영재를 보낼 수 없어요!"

준과 혜리는 울부짖었다.

"죽은 사람을 다시 살릴 수는 없어. 죽은 자들의 신 하데스라면 몰라도."

페이리토스는 어둠 속으로 사라졌다. 모닥불이 타닥타닥 소리를 내며 타들어 갔다. 문득 혜리는 케이론을 떠올렸다.

'케이론이라면 우리를 도와줄지도 몰라. 어쩌면 영재도 악몽에 빠진 걸지도 몰라.'

혜리는 주머니를 뒤져 케이론이 준 정오각형 천 조각을 꺼냈다. 그리고 노란 정오각형의 천을 모닥불에 던졌다. 푸른빛의 별이 하늘하늘 허공에 나타났다가 사라졌다. 그것은 준과 혜리에게 남은 마지막 희망이었다.

거센 바람이 휘몰아쳐 모닥불마저 꺼졌다. 세상이 온통 먹물로 뒤덮인 것처럼 어두워졌다. 그때 저 멀리 말발굽 소리가 울리더니 점점 크게 들려왔다. 지진이 일어난 듯 땅이 울리는 가운데 어둠을 뚫고 누군가 나타났다. 케이론이었!

"너무 늦지 않았는지 모르겠구나. 하룻밤이 지나면 어떤 신이라 할지라도 영재를 살릴 수 없어. 죽은 자들의 신 하데스가 영재를 저승으로 데려가 버리거든."

케이론이 영재를 살펴보며 말했다. 눈물로 얼룩진 준과 혜리의 눈이 크게 떠졌다.

"영재가 다시 살아올 수 있을까요?"

"그건 해 봐야 안단다. 우주의 질서를 어기는 일이라서 신의 노여움을 살 수 있어. 그때는 영재뿐 아니라 우리 모두 하데스에게 끌려가 저승으로 갈 수 있단다."

그런데 케이론 뒤에 누군가가 서 있었다. 그는 켄타우로스가 아니었지만 사람 같아 보이지도 않았다. 뱀이 휘감긴 지팡이를 들고 선 그의 몸에서 신비한 빛이 감돌았기 때문이다.

"이보게, 아스클레피오스."

케이론이 불렀다. 케이론은 아스클레피오스를 준과 혜리에게 소개했다.

"나의 제자이면서 빛과 태양의 신 아폴론의 아들이네. 죽은 사람을 살리는 의술을 가지고 있지."

아스클레피오스는 심각한 표정으로 준과 혜리를 바라보며 입을 열었다.

"만에 하나, 영재를 살리게 된다면 말이다. 다시 살아난 영재는 원래 영재가 아닐 수 있단다."

"그게 무슨 소리인가요?"

"원래의 영재로 돌아오면, 저승의 신 하데스가 알아보고 다시 데려갈 수 있거든. 그래서 하데스가 알아차릴 수 없는 모습으로 변할 수 있어. 그래도 좋겠니?"

아스클레피오스가 물었다. 준과 혜리는 서로를 바라보았다. 망설일 이유가 없었다.

"영재의 목숨을 살릴 수만 있다면 뭐든 좋아요."

케이론과 아스클레피오스는 고개를 끄덕이고는 켄타우로스들을 불렀다. 켄타우로스들은 나무토막을 짊어지고 와 제단을 쌓기 시작했다. 케이론은 켄타우로스들에게 지시했다.

"피라미드 모양으로 쌓아라. 바닥에 정확하게 정사각형을 그리고 땅과 수직이 되게 세워라. 그래야 무너지지 않아."

"각도기와 자가 없어서 직각을 그릴 수가 없습니다."

켄타우로스 중의 한 명이 곤란한 표정을 지었다.

"직각을 그리기 위해 각도기나 자 같은 건 필요 없다. 말뚝과 밧줄을 갖고 와."

케이론은 동서를 가리키는 직선을 그었다. 그리고 말뚝과 밧줄을 이용해서 크기가 같은 원을 두 개 겹치게 그렸다.

"두 원이 만나는 점을 이으면 동서 직선과 직각을 이루는 직선을 그을 수 있지."

켄타우로스들은 케이론의 지혜에 새삼스럽게 감탄했다. 말뚝이 부족하자 케이론은 또 한 번 수학의 지혜를 발휘했다.

"말뚝이 없을 때에는 밧줄만 있어도 직각을 그릴 수 있어. 밧

줄을 길이가 같도록 잘라 12개를 만들어라."

케이론이 시키는 대로 켄타우로스들이 준비했다.

"밧줄 12개를 이어라. 3개, 4개, 5개가 되도록 삼각형을 만들어. 3개와 4개의 밧줄이 만나는 곳이 바로 직각이야!"

켄타우로스들은 밧줄로 삼각형의 세 변을 3:4:5의 비율로 만들었다. 그러자 직각삼각형이 만들어졌다.

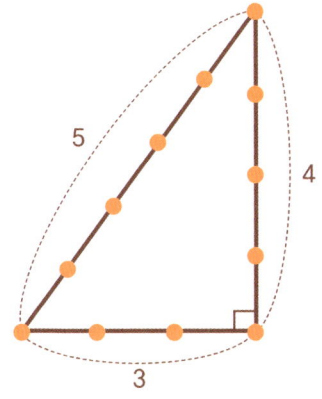

"역시 스승님의 능력은 신기하고 놀랍습니다!"

"이것이 바로 황금비의 직각삼각형이야. 사람도 무릎을 직각으로 구부린 채 바닥에 누우면 바닥과 다리 사이에 삼각형이 생기는데 이것도 3:4:5를 이루고 있지. 세상이 모두 수로 이뤄져 있다는 것이 얼마나 아름다운 진리란 말이더냐!"

케이론의 말 한마디 한마디에 켄타우로스들은 머리를 조아리며 감탄했다.

"어서 서둘러! 하룻밤이 지나고 새벽이 가까워지면 하데스가 나타난다! 그 전에 제식을 마쳐야 해!"

어느덧 피라미드 모양의 제단이 완성되었다. 케이론은 영재의 몸을 제단 앞 흙 속에 파묻었다. 켄타우로스들은 제단을 둥글게 에워쌌다. 준과 혜리는 제일 앞에 앉았다. 엄숙한 분위기가 밤공기를 적셨다. 케이론은 제단에 기름을 붓고 불을 질렀다. 불은 거침없이 타오르며 어둠을 물리쳤다.

이상한 일이 벌어진 것은 그때부터였다. 갑자기 거센 바람이 몰아치기 시작했고 엄청나게 차가운 기운이 엄습했다. 주변의 풀포기와 땅바닥에 서릿발이 일어날 정도였다.

스스스스, 쉬이익, 쉬쉬쉬쉬.

바람은 뱀이 혓바닥을 날름거리는 것 같은 소리를 냈다. 거침없이 타오르던 불이 힘을 잃고 꺼지려고 했다.

"하데스다! 저승의 신 하데스가 나타났다!"

켄타우로스들이 공포에 질린 목소리로 웅성거렸다. 준과 혜리는 등줄기가 오싹해지면서 머리카락이 바짝 서는 것 같았다.

"쉿! 진정해라. 제단에 기름을 더 부어라! 불이 꺼지면 하데스의 세상이 된다! 모두 노래 부를 준비를 하라."

케이론이 외쳤다. 켄타우로스들은 제단에 기름을 있는 대로 붓고 자세를 가다듬었다. 아스클레피오스는 하프를 꺼내 연주하기 시작했다. 그 연주에 맞춰 수백 명의 켄타우로스들이 입을 모아 노래를 불렀다.

수로 이뤄졌도다, 세상은.
수로 모든 것이 이뤄졌도다, 세상은.
아름다워라, 세상의 이치를 깨닫도다.

그것은 매우 신비한 느낌의 곡이었다. 우물 저 깊은 밑바닥에서 울려 나오는 맑은 소리처럼 가슴 깊은 곳에서 퍼져 나오는 진동 같았다. 준과 혜리는 어리둥절했다. 노래로 어떻게 하데스를 쫓을 수 있다는 것인지 이해가 되지 않았다.
"하데스에게는 이 노래가 들리지 않아. 노래가 보이지."
"노래가 보인다고요?"
혜리가 되물었다. 그러자 케이론은 더 알 수 없는 말을 던졌다.
"세상 모든 것은 수로 이뤄졌지. 그래서 소리도 수로 만들어졌어. 이 노래는 수로 만들어진 노래란다."
파아아악, 푸아악.

제단의 불을 끄기 위해 바람이 거칠게 몰아쳤다. 뭉글뭉글한 어둠이 영재를 묻은 제단 위로 이리저리 옮겨 다녔다. 어둠에서 음울한 목소리가 무겁게 울려왔다.

"나는 지하 세계를 다스리는 하데스, 크로노스의 아들이며 제우스와 포세이돈의 형제다. 저승으로 데려갈 자가 있다고 해서 찾아왔다. 그런데 내가 데려갈 자는 보이지 않고, 어찌하여 복잡하고 이상한 수만 가득 차 있는 것이냐?"

케이론과 켄타우로스들은 흔들리지 않고 계속 노래를 불렀다. 준과 혜리도 노래를 따라 불렀다. 만지면 잡힐 것 같은 어둠은 제단 위를 빙글빙글 맴돌았다. 그것은 마치 먹잇감을 찾는 뱀 같았다. 그러나 어둠은 끝내 불길을 제압하지 못했다.

"머리 아픈 곳이로군. 저승문을 지키는 괴견 케르베로스가 냄새를 잘못 맡았나."

하데스는 그 말을 남긴 채 사라졌고, 차가운 기운도 물러갔다. 바람이 잦아들면서 주변을 꽁꽁 얼렸던 서릿발이 차츰 녹았다.

"하데스가 물러갔다! 하데스가 우리를 발견하지 못했어!"

켄타우로스들은 흥분된 목소리로 웅성거렸다. 케이론은 안도의 한숨을 내쉬었다. 저 멀리 들판 너머로 붉은 기운이 올라

왔다. 동이 트기 시작한 것이다. 케이론은 영재가 묻힌 땅을 다시 팠다.

"준과 혜리야, 아까 나와 했던 약속을 잊지는 않았지?"

케이론이 물었다.

그것은 영재가 다시 살아나면, 하데스가 알아볼 수 있기 때문에 원래 모습으로 돌아오지 못한다는 뜻이었다.

"살려만 주세요! 차가운 땅속에 묻히게 할 수 없어요!"

켄타우로스들이 마지막 흙을 팠을 때 땅속에서 뭔가 꿈틀거렸다. 준과 혜리의 눈이 휘둥그레졌다. 흙 속에서 뭔가 벌떡 일어났다!

"푸하하하! 숨이 막혀 혼났네! 한잠 잘 잤다!"

준과 혜리는 자신의 눈을 의심하지 않을 수 없었다. 상반신은 영재였는데, 하반신은 말이었다. 영재는 반인반마의 켄타우로스로 변해 있었다.

"친구들아, 잘 잤어? 기운이 넘치네! 우와, 기분 좋다!"

영재는 앞발로 땅바닥을 구르면서 말처럼 거칠게 숨을 내쉬었다. 그제야 영재는 자신의 하체를 내려다보았다.

"어라? 내가 말을 타고 있었나? 아니! 내 다리가 말로 변했잖아!"

"정말 미안해, 영재야. 널 살리려면 어쩔 수 없었어!"

준과 혜리는 영재를 끌어안았다. 그런데 영재의 반응은 달랐다.

"하핫, 이런 몸도 괜찮은데! 기분이 아주 좋아! 막 달리고 싶어! 힘이 폭발하는 것 같아!"

영재는 생김새뿐만 아니라 성격도 완전히 변해 있었다. 영재는 동이 트는 들판 저 먼 곳을 향해 미친 듯이 달려 나갔다. 준과 혜리는 멍한 얼굴로 영재의 뒷모습을 한참 동안 바라보았다.

"영재 맞아요? 우리가 알던 영재가 아닌 것 같아요."

어색한 혜리와 준이 케이론에게 물었다.

"영재가 분명하단다. 단지 영재의 몸과 영혼이 켄타우로스와 섞여서 변했을 뿐이야. 영재의 절반은 켄타우로스란다."

아스클레피오스가 무거운 얼굴로 대답했다.

"절반이나요? 언젠가는 원래의 영재 모습으로 돌아올 수 있겠지요?"

준이 초조한 목소리로 물었다.

"그건 너희 능력에 달렸어. 너희가 영재와 가장 가까운 사람이니까. 영재가 추억을 잊지 않고 다시 돌아올 수 있게 해 줘야 해. 그렇지 않으면 켄타우로스로 완전히 변하고 말 거야."

준은 마음이 복잡했다. 혜리가 준을 토닥이며 용기를 주었다.

"너무 걱정하지 마. 지구로 돌아가기 전에 영재의 모습을 되찾게 만들면 되잖아. 앞으로 영재에게 잘해 주자."

혜리는 도무지 알 수 없는 궁금증이 일어나 케이론에게 물었다.

"그런데요, 아까 불렀던 노래를 수로 만들었다고 하셨는데, 어떻게 음악을 수로 만들 수 있어요?"

"허허, 나는 세상 모든 게 수로 이

뭐졌다고 믿는단다. 어느 날 대장간에서 쇠 두드리는 소리를 듣고는 그 소리를 수로 만들어 보았지."

케이론은 하프를 들고 줄을 하나씩 튕겼다.

딩, 댕, 둥, 당, 동······.

줄을 튕길 때마다 서로 다른 소리가 났다.

"줄의 길이에 따라서 소리의 높낮이가 다르지 않느냐?"

"맞아요. 줄의 길이에 따라 소리가 다르게 나요."

가만히 하프 소리에 귀를 기울이던 준이 대답했다.

그때 혜리가 기억을 떠올렸다.

"준아, 학교에서 유리컵으로 연주했던 것 기억나니? 그거랑 비슷한 거 같아!"

"아! 유리컵들마다 물을 다르게 담고 막대로 컵을 두드리며 연주했지! 그래! 컵마다 다른 소리가 났어."

"선생님이 그러셨잖아. 물을 가득 담았을 때를 1이라고 한다면, 절반을 담았을 때는 $\frac{1}{2}$, 반의 반을 담았을 때는 $\frac{1}{4}$. 물의 양에 따라 $\frac{2}{3}$도 만들 수 있고, $\frac{3}{4}$도 만들 수 있었어. 그래, 소리는 분수야!"

"하프도 줄의 길이에 따라 소리가 다르게 나잖아. 피아노도, 피리도, 다른 악기들도 마찬가지야."

케이론이 준과 혜리의 대화를 듣고 허허허 웃었다.

"역시 너희는 보통 아이들과 다르구나. 수학의 진리를 금세 깨치는 걸 보니. 나는 처음 만든 줄의 소리를 1이라고 했을 때, 줄을 $\frac{1}{2}$로 줄이면 8도 높은 소리가 나고, $\frac{3}{4}$으로 줄이면 4도 높은 소리가 난다는 걸 알아냈단다. 또 $\frac{2}{3}$로 줄이면 5도 높은 소리가 난다는 것도. 줄의 길이가 짧을수록 높은 소리가 나는 거야. 그런데 처음 소리와 $\frac{2}{3}$로 줄인 소리는 아주 잘 어울리더군."

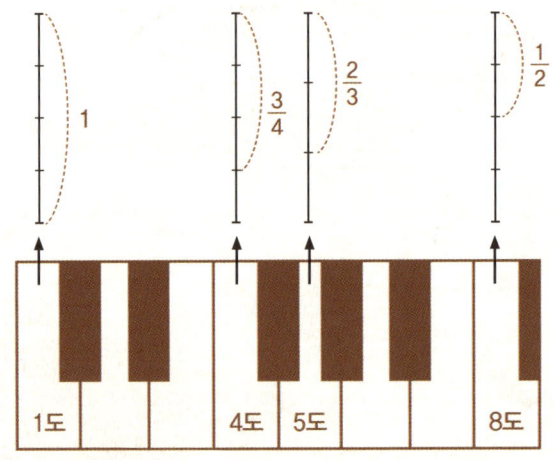

케이론은 하프를 켜며 아름다운 음을 만들어 냈다.

"그래서 나는 처음 소리를 '도'로 정했어. 줄의 길이를 $\frac{2}{3}$로 줄였을 때는 '도'보다 5도 높은 '솔' 소리가 나지. '도'와 '솔'은 조화를 잘 이루는 음이야. 또 줄의 길이를 $\frac{1}{2}$로 줄이면 '도'보다 8도가 높은 소리가 나는데, 이 소리는 한 옥타브 위인 '도'가 되는 거야. 이렇게 분수의 원리를 이용해 여러 가지 악기를 만들었단다. 현악기를 만들어 켜기도 하고, 여러 개의 종을 만들어 치기도 했지. 이처럼 수학을 이용하면 세상에서 가장 정확한 음정을 만들어 낼 수 있단다."

아스클레피오스가 케이론의 설명에 이어 말을 덧붙였다.

"스승님은 수학의 진리를 사용해 음악을 만들었지. 하데스의 눈에는 이곳이 분수로 가득 찬 곳으로 보였을 거야. 하데스는 복잡한 수를 싫어한다더구나. 분수의 음악이 영재를 보호해 준 방어벽이 된 거란다."

준과 혜리는 케이론 일행과 헤어졌다. 들판을 하염없이 바라보았지만, 영재가 어디로 갔는지 찾을 수 없었다.

"혜리야, 가자. 영재는 빠르니까 곧 우리를 따라올 거야."

준과 혜리는 아테네로 향했다.

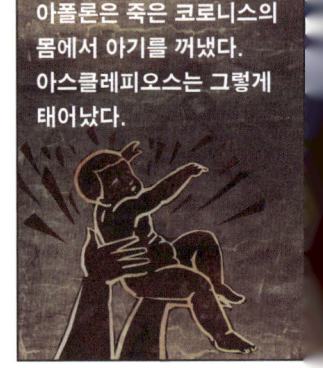

Mission 5

마라톤의 괴물 황소를 물리쳐라

· 도형과 규칙 ·

미션 목표
- 현실과 가상이 넘나드는 그림은 어떤 것일까?
- 테셀레이션으로 어떤 그림을 그릴 수 있을까?

　준과 혜리는 드디어 아테네에 들어섰다. 언덕 위로 하얀 건축물이 웅장한 자태를 드러냈다. 아테네는 고대 그리스의 중심지인 도시국가였다. 잘 닦인 도로와 반듯하게 세워진 대리석 건물들은 아테네가 얼마나 발달한 문명국가인지 짐작하게 해 주었다. 중앙에 아고라 광장이 있었고, 그 주변으로 시민들이 모이는 스토아와 시장, 신전 등이 즐비했다. 또 신이 머문다는 신역에는 신전을 중심으로 극장, 경기장 등이 자리 잡고 있었다.

　거리는 수많은 시민들로 붐볐다. 사슴을 타고 다니는 요정들과 신과 인간 사이에 태어난 신비한 존재들도 보였다. 준과 혜리는 꿈에 부풀었다. 이제 아이게우스 왕을 만나 신비 열쇠를 찾으면 모든 문제가 해결되고 집으로 돌아갈 수 있다.

"신비 열쇠는 쉽게 얻을 수 없을 것이다. 네가 가진 가장 소중한 것과 맞바꿔야 해. 하나를 포기해야 하나를 얻을 수 있는 법, 세상은 그런 것이다."

준은 케이론의 마지막 말을 되새겼다. 준은 사람들에게 물어 곧바로 아테네의 왕이 사는 궁전으로 향했다. 궁전 앞에 도착하자 문을 지키는 병사에게 다가갔다.

"나는 아이게우스의 아들 테세우스요! 아버지를 만나게 해 주시오!"

처음에 병사는 허튼소리를 한다며 내쫓았다. 그런데 준이 아이게우스의 아들이라는 징표를 가지고 있다고 말하자, 곧 신분이 높은 장군이 모습을 드러냈다. 장군은 만약 거짓말이면 지하 감옥으로 보내 버리겠다고 겁을 줬지만, 준은 물러나지 않고 왕을 만나게 해 달라고 요구했다.

"혹시 마녀 메데이아가 있는 게 아닐까?"

궁전으로 들어가면서 혜리가 속삭였다. 준도 걱정이 되었지만 믿고 있는 구석이 있었다.

"아닐 거야. 메데이아가 우리를 죽이려고 했다면 벌써 죽였겠지. 그런데 지금까지 우리를 가만히 두는 걸 보면 메데이아한테 무슨 일이 생긴 것 같아."

아이게우스 왕은 궁전에서 제일 안쪽에 있는 방의 침대에 누워 있었다. 왕의 얼굴은 주름이 가득했다. 침대에서 일어나는 것조차 힘겨워 보일 정도로 늙고 허약해 보였다. 다행히 메데이아는 보이지 않았다.

"네가 내 아들이란 말이냐?"

"그렇습니다. 트로이젠에 사시는 어머니 아이트라께서 안부를 전해 달라고 하셨습니다."

"오, 그래. 피테우스의 딸이자 나의 사랑 아이트라!"

준은 아이트라로부터 피테우스에 대한 이야기를 이미 들어서 알고 있었다. 피테우스는 아이트라의 아버지이자 트로이젠을 다스리는 왕이었다. 피테우스는 박식하고 지혜로운 예언자로 소문이 자자했다. 아이게우스와 피테우스는 친구였다. 피테우스는 아이게우스가 그리스를 구할 영웅을 낳을 것이라는 사실을 신의 계시를 통해 알아냈다. 그래서 아이게우스와 자신의 딸 아이트라를 결혼시켜 아들 테세우스를 낳게 한 것이다.

"네가 진짜 내 아들이라면 징표를 갖고 있을 텐데?"

아이게우스 왕이 기침을 하면서 힘겹게 말했다.

"어머니께서 저를 커다란 바위가 있는 곳으로 데려가서 이렇게 말씀하셨습니다. 아버지 아이게우스 왕이 바위 밑에 칼과 신발을 숨겨 두면서 아이가 태어나 바위를 들어 올릴 수 있을 만큼 자라면 이 징표를 가지고 아테네로 보내라 하셨다고요. 자, 보십시오. 이것이 바로 그 칼과 신발입니다!"

준은 허리에 찬 칼과 신고 있던 신발을 벗어 아이게우스 왕 앞에 내놓았다.

"오! 넌 내 아들 테세우스가 분명하구나! 진정한 나의 핏줄이며 아테네의 왕자로다!"

침대에 누워 있던 아이게우스는 힘겹게 몸을 일으켜 준을 안았다. 그러나 준은 어색하기만 했다. 진짜 아빠라는 느낌이 조금도 들지 않았지만, 아들처럼 행세하기로 했다. 준은 한시가 급했다.

"전하, 신비 열쇠를 갖고 있다고 들었습니다."

준은 정중하게 왕에게 물었다. 그런데 아이게우스 왕은 이미 침대에 누워 깊이 잠들고 말았다.

"테세우스와 친구들, 용케 여기까지 왔군!"

의자 뒤에서 누군가 일어났다. 마녀 메데이아였다. 준과 혜리는 등골이 오싹해질 정도로 소름이 끼쳤다. 그런데 메데이아는 지난 번 보았던 악녀의 모습은 없고, 우아하고 아름다우며 자비로운 왕비의 모습이었다.

"뻔뻔하군요. 수많은 사람들을 전염병으로 죽인 마녀가 착한 왕비로 위장하고 있다니! 아이게우스 왕을 병들게 만든 것도 당신의 짓이지요? 이미 다 알고 왔어요."

준은 쏘아붙였다.

"오호호호, 흥분하지 마라. 우리는 어차피 한배를 탄 사이인데."

"한배를 타다니요?"

혜리가 날카롭게 물었다.

메데이아는 뾰족한 손톱을 다듬으며 말했다.

"우리는 목적이 같잖아. 신비 열쇠를 얻어야 하지. 신비 열쇠가 어디 있는지는 아이게우스 왕만이 알고 있는데, 내가 어떤 수단과 방법을 다 써도 알려 주지 않는단 말이야."

"당신 같은 마녀에게 줄 신비 열쇠는 없어! 당신이 신비 열쇠를 갖게 된다면 얼마나 많은 사람들을 괴롭히겠어?"

준은 또 한 번 으르렁거렸다.

"오호, 아직 기운이 펄펄 넘치나 보군. 환영 파티를 열어 아테네의 뜨거운 맛을 보여 줘야겠어. 그러면 아이게우스 왕처럼 말을 잘 듣는 착한 아이가 될 테지. 오호호호!"

마녀 메데이아는 허리를 꺾으며 무섭게 웃었다. 그 소리에 아이게우스 왕이 몸을 뒤척이며 잠시 눈을 떴다. 그러자 메데이아는 갑자기 표정을 바꾸고 순한 양처럼 변했다.

"전하, 테세우스야말로 아테네 시민들이 기다리던 영웅 중의 영웅이옵니다."

메데이아의 말에 아이게우스 왕은 흡족한 웃음을 띠었다.

"이제 아테네를 테세우스에게 물려주고, 나는 편히 지내도 되겠구려."

메데이아는 느닷없이 눈물을 흘리면서 슬퍼했다.

"전하, 아테네 시민들은 오래전부터 두려움에 떨고 있사옵니다. 미친 황소가 날뛰면서 눈에 보이는 대로 뿔로 박고 발로 짓이기고 있습니다."

"마라톤의 황소 말이군! 영웅 헤라클레스가 그리스 크레타에서 잡아와 마라톤의 들판에 풀어놓은 그 미친 황소 말이오?"

"그렇사옵니다. 그동안 수많은 영웅들이 마라톤의 황소를 잡으려고 했지만, 모조리 실패하고 목숨을 잃고 말았습니다."

"그렇게 위험한 일을 나의 아들 테세우스에게 맡기자는 말이오?"

"전하, 테세우스 왕자는 전하의 뒤를 이어 아테네를 물려받

을 영웅입니다. 그러나 아테네 백성 어느 누구도 아직 테세우스의 능력을 보지 못했습니다. 만약 왕자가 마라톤의 황소를 물리치고 평화를 찾아온다면, 아테네 백성들은 기꺼이 테세우스를 아테네의 후계자로 인정할 것이옵니다."

메데이아의 설득력 있는 말에 아이게우스 왕은 할 말을 잃고 말았다. 준은 망설이지 않고 나섰다.

"제가 가겠습니다. 아테네를 위해서라면 어떤 일이든 하겠습니다."

듣고 있던 혜리가 준을 말리면서 속삭였다.

'준아, 넌 아직 테세우스의 힘을 되찾지 못했어. 이건 너를 위험에 빠뜨리려는 메데이아의 음모야. 함정에 빠져선 안 돼!'

그러나 준은 물러설 수 없었다. 여기에서 포기하면 아테네 시민과 신하들에게 왕자로 당당히 인정받지 못하고 쫓겨날 것 같았다.

준과 혜리는 황소가 있다는 마라톤으로 향했다. 마라톤의 황소는 아테네 북동쪽에 있는 마라톤 시를 파괴시킨 엄청난 힘을 가진 괴물이었다. 마라톤은 사람이 살 수 없을 만큼 건물들이 파괴되었고, 도시는 폐허로 변해 있었다. 안내를 하던 길잡이 병사가 걱정스러운 얼굴로 말했다.

"안드로게오스라고 아십니까요? 크레타 섬의 왕 미노스의 아들인 안드로게오스는 뛰어난 운동 능력을 가진 전사지요. 아테네 경기에 참가해서 모든 경쟁자들을 물리치고 종합 우승을 차지해서 아테네의 영웅이 된 적도 있습니다요. 그런데 그 안드로게오스가 지난번에 마라톤의 황소를 처치하겠다면서 이곳에 왔습지요."

"그래서 어떻게 되었나요?"

"불행하게도 미친 황소의 뿔에 받혀 죽고 말았지 뭡니까요? 마라톤의 황소는 보통 황소가 아닙니다요. 크레타의 왕 미노스가 바다의 신 포세이돈에게 선물로 받은 것입니다요. 어떤 영

웅이라도 마라톤의 황소를 처치할 수는 없습니다요. 지금에라도 돌아가시는 것이 좋을 것입니다요."

"신이 만든 황소였구나!"

준은 혜리를 쳐다보았다. 혜리는 입술을 오므리며 화를 냈다.

"영재는 이럴 때 나타나서 도와주지 않고 어디에 있는 거야!"

저 멀리 들판 먼 곳에서 뭔가 나타났다. 그것은 거대한 황소였다. 길잡이 병사는 황소를 보자마자 겁에 질려 부리나케 도망쳐 버렸다.

"준아, 지금이라도 돌아가자. 다른 방법이 있을 거야."

거대한 황소가 준이 있는 쪽으로 느릿느릿 다가왔다. 준은

지금까지 이렇게 거대한 황소는 처음 보았다. 코끼리보다 서너 배 더 컸으며, 가죽은 철갑을 두른 듯이 단단해 보였다. 화살이나 창을 쏘아도 끄떡없을 것 같았다. 황소의 눈동자는 빨갰고, 불길이 타오르는 듯 분노로 이글거렸다. 머리에 솟은 뿔은 무엇이든 뚫어 버릴 듯이 날카로웠다. 괴물 황소는 준을 바라보면서 콧김을 내뿜었다. 이윽고 괴물 황소가 무서운 속도로 달려오기 시작했다. 지진이 난 것처럼 쿵쿵쿵 땅이 울렸다. 준과 혜리는 얼음이 된 듯 꼼짝할 수가 없었다.

그때 별안간 준과 혜리 앞에 말 한 마리가 나타났다.

"빨리 올라타지 않고 뭐해!"

그건 말이 아니라 영재였다. 준과 혜리는 얼른 영재의 등에 올라탔다. 영재는 무서운 속도로 바람을 가르며 달렸다.

혜리가 가슴을 쓸어내렸다.

"휴, 살았다! 영재야, 어떻게 알고 나타난 거야?"

"케이론 스승님이 너희가 여기 있을 거라고 하시더군. 어서 가서 도와주라고. 앗! 저 괴물 녀석, 우리를 계속 따라오네!"

등 뒤를 돌아보자 마라톤의 황소는 씩씩거리면서 마구 돌진해 왔다.

"어디로 피해야 하지? 가만, 가만! 케이론 스승님이 이 근처에 환상 마을이 있다고 하셨어."

"환상 마을?"

"저기다! 저 표식이 환상 마을로 들어가는 입구라고 했어!"

"저게 평면도형이야, 입체도형이야?"

"케이론 스승님은 저걸 펜로즈의 삼각형이라고 불렀어. 자, 어서 들어가자."

마라톤의 황소도 환상 마을로 쫓아 들어왔다. 삼총사는 건물 안으로 숨어 들어갔다. 그런데 이상한 일이 일어났다.

"우리는 계단을 올라가고 있는데, 계속 제자리를 돌고 있어!"

"대체 어떻게 된 일이지? 귀신에 홀린 것 같아!"

삼총사는 서둘러 건물 밖을 빠져나왔다.

"저기 위에 수로를 봐! 물은 위에서 아래로만 흐르는 거 아니

야? 그런데 저 수로의 물은 계속 돌고 있어!"

삼총사는 황소를 피해 다른 건물로 들어갔다. 하지만 건물 내부가 아닌, 낯선 곳에 와 있었다.

"준아, 내가 보이니?"

"응. 그…… 그런데 혜리야. 너 밑에 또 다른 네가 있어!"

"뭐라고? 내가 두 명이라고?"

준은 눈이 빙글빙글 돌아가는 것 같았다.

"준아, 대체 누가 진짜 너야?"

"영재야, 너도 그래. 너 위에 또 다른 네가 있어! 귀신이야? 사람이야?"

세 친구들은 건물에서 나와 헐레벌떡

언덕 위로 올라갔다. 환상 마을을 내려다보자 다시 입이 벌어졌다.

"맙소사! 지금 낮이야, 밤이야?"

"낮과 밤이 동시에 펼쳐지는 곳이 있다니!"

"저 하늘의 새를 봐. 백조였는데 까마귀로 변했어!"

"아니야. 까마귀가 백조가 된 거야!"

삼총사는 환상 마을을 정신없이 헤맸다. 마라톤의 황소도 길을 찾지 못해 오락가락했다.

"앗! 저기 있다! 황소가 우리를 발견했어!"

황소는 화가 잔뜩 나서 벽을 마구 부수면서 삼총사를 향해 달려왔다. 삼총사는 얼른 건물 속으로 몸을 숨겼다. 영재는 도망치기 힘들어서 헉헉거리며 숨을 토해냈다. 준과 혜리는 위기를 벗어날 방법을 궁리했지만, 뾰족한 수가 떠오르지 않았다.

"케이론 스승님이 그러셨어. 환상 마을에 안과 밖이 없는 공간이 있대. 그곳은 무한대의 공간이라서 마라톤의 황소를 가두면 영원히 빠져나오지 못할 거라고 하셨어."

준은 영재의 말을 이해할 수가 없었다. 어떻게 안과 밖이 없는 공간이 있을 수 있는지 상상조차 되지 않았다.

"케이론의 말씀이니까 무조건 믿자."

삼총사는 황소의 눈을 피해 건물 사이를 오가면서 안과 밖이 없는 공간을 찾았다. 답답했던 혜리가 다시 물었다.

"영재야, 안과 밖이 없다는 게 무슨 뜻이야? 어떤 도형이라도 안과 밖은 있어. 자세히 설명해 봐."

영재는 가죽 띠를 하나 꺼냈다.

영재는 가죽 띠를 180도 꼬아서 양쪽 끝을 이었다.

"바로 이거야!"

"이게 안과 밖이 없는 공간이라고? 너무 단순하잖아."

준은 고개를 저었다.

영재가 준의 손에 펜을 쥐어 주면서 다시 물었다.

"이 가죽의 안은 어디이고, 밖은 어디일까? 펜을 들고 한쪽 면의 한가운데에 선을 그어 봐."

준은 영재가 하라는 대로 했다. 그러자 처음 선을 그리기 시작했던 곳과 만났다.

"어라? 밖이라고 생각했던 곳까지 선이 그어졌어."

"이것이 안과 밖이 하나로 연결되고, 시작도 끝도 없는 무한대의 띠. 바로 뫼비우스의 띠야!"

영재의 설명에 준과 혜리는 감탄을 터뜨렸다.

"난 이걸 본 적이 있어!"

준이 중얼거렸다.

"어디서?"

"공장에서 사용하는 벨트가 이런 모양이었어. 그때 공장에서 일하는 분께 왜 저런 모양으로 연결했냐고 물어봤거든. 그랬더니 둥글게 그냥 걸면 한쪽 면만 닳아서 쉽게 빠진다고 했어. 하지만 이런 뫼비우스의 띠 모양으로 꼬아서 걸면 벨트 양쪽 면이 골고루 닳기 때문에 벨트의 수명이 훨씬 길어지고 잘 벗겨지지 않는대."

"나도 비슷한 걸 본 적이 있어. 우리 집에 있는 오래된 프린터기의 리본이 뫼비우스의 띠 모양으로 감겨 있었어."

혜리의 말에 준은 머릿속에 번개가 치는 것을 느꼈다.

"아, 수학의 원리를 일상생활에서 사용하고 있었구나."

뭔가 꿈틀하면서 준의 근육들이 불끈거렸다. 준의 머릿속으로 수많은 수, 도형, 연산, 규칙 등이 회오리쳤다.

"알아냈어! 환상 마을의 비밀을!"

준이 외쳤다.

"환상 마을은 수학으로 만들어진 곳이야. 얘들아, 기억나니? 수업 시간에 테셀레이션을 그렸잖아."

테셀레이션이란 정삼각형, 정사각형, 정육각형과 같이 똑같은 모양의 도형을 빈틈없이 붙여서 평면이나 공간을 가득 채우는 거였다.

"기억나. 욕실에 깔린 타일이나 길거리에 깔린 보도블록, 벽

지나 상품의 포장지 무늬도 테셀레이션이라고 선생님이 그러셨지. 그런데 그거랑 환상 마을이랑 무슨 상관이야?"

영재의 질문에 준은 바닥에 그림을 그리면서 설명했다.

"환상 마을은 건물을 거울에 반사된 것처럼 뒤집기도 하고, 한 점을 중심으로 하여 회전시키기도 하고, 평행과 반사를 한꺼번에 사용하기도 했어. 그래서 현실에서는 불가능한 환상적인 마을이 완성된 거야."

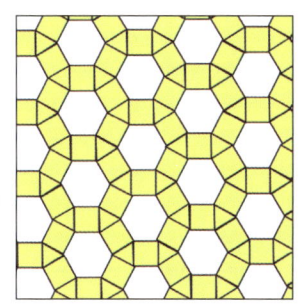  

"아! 도형의 원리를 건축 기법으로 발전시킨 것이구나!"

원리를 깨달은 준은 몸을 부르르 떨었다. 온몸이 뜨거워졌다. 준은 참을 수 없어 바닥에 있던 돌을 움켜쥐었다. 그러자 단단한 돌멩이가 단숨에 가루가 되어 부서졌다. 준에게서 에너지가 폭발하듯 넘쳐났다.

"준아, 네가 다시 테세우스로 변했어! 예전의 테세우스보다 훨씬 더 강한 육체로 변신했어!"

"케이론 님의 말씀처럼 내 몸이 새처럼 가볍고 개미처럼 강한 힘이 넘쳐! 그리고 눈은 진리가 보일 듯이 밝아!"

준은 주변을 둘러보았다. 복잡했던 환상 마을이 한눈에 다 보였다.

"뫼비우스의 공간은 저 동굴이야!"

준은 밖으로 나가서 휘파람을 세게 불었다. 그 소리를 듣고 마라톤의 황소가 뒤를 돌아보았다. 콧김을 쑥쑥 내뿜으면서 황소가 미친 듯이 달려왔다. 준은 피하지 않고 미친 황소를 마주

했다. 준의 근육이 터질 듯이 불끈거리면서 불타는 거인처럼 뜨겁게 타올랐다. 준은 괴물 황소의 두 뿔을 두 손으로 움켜쥐고는 고함을 내질렀다. 지진이 난 듯 바닥을 울리는 소리와 함께 괴물 황소는 허공을 180도 돌아서 바닥에 고꾸라졌다. 그러나 괴물 황소는 벌떡 일어나더니 준의 옆구리를 들이받았다.

으아앗!

준은 괴력을 발휘해 황소의 뿔을 꺾어 버렸다. 그리고 황소의 다리를 잡고는 허공에서 빙글빙글 돌리더니 뫼비우스의 동굴 속으로 던져 넣었다. 동굴 속으로 떨어진 황소는 준을 향해 다시 달려오려고 했다. 그러나 뫼비우스의 공간에 갇혀 계속 맴돌기만 했다.

"준아, 괜찮아?"

영재와 혜리가 달려왔다. 준은 숨을 헐떡거렸지만 가볍게 웃었다.

"나, 어땠어?"

"정말 대단했어! 넌 영웅 중의 영웅이야!"

영재와 혜리가 준을 끌어안았다.

콜키스 왕국에는 메데이아라는 공주가 있었다.

오호호! 난 원래 콜키스 왕국의 공주였어.

콜키스 왕국에는 황금 양털이 있었다.

하늘을 나는 황금 양의 털이란다.

보물 중의 보물이네요!

콜키스 왕은 잠들지 않는 용에게 황금 양털을 지키게 했다.

아무도 훔쳐 가지 못하게 지켜라!

한편 아르고 원정대의 '이아손'은 황금 양털을 갖기 위해 콜키스 왕국에 온다.

메데이아는 이아손에게 첫눈에 반하게 된다.

오! 나의 이상형이야.

훗, 내가 좀 멋지지.

Mission 6

지구로 귀환하라

· 역설과 문제 풀이 ·

미션 목표
- 참도 아니요, 거짓도 아닌 문제란 어떤 것일까?
- 수학 문제는 해답이 꼭 있어야 하는 것일까?

　아이게우스 왕이 있는 궁전으로 삼총사는 발길을 향했다. 준은 어지러워서 비틀거렸다. 숨이 차고 식은땀이 흐르고 속이 울렁거려 토할 것 같았다. 궁전에서 삼총사를 기다리는 것은 아이게우스 왕이 아니라 마녀 메데이아였다. 메데이아는 창백해진 준의 얼굴을 보고 깔깔대며 비웃었다.

　"오호호호, 마라톤의 황소에게 옆구리를 찔렸나 보군. 테세우스, 넌 독에 중독됐어!"

　"독이라니?"

　준이 숨을 헐떡이며 물었다.

　"네가 만만치 않은 힘을 가진 영웅이라는 걸 나는 알고 있지. 나의 마법이 너한테 잘 통하지 않을 거라고 생각했어. 그래서 작전을 미리 짜 놓았지. 내가 황소의 뿔에 독을 발라 두었거든.

이제 너는 독에 중독된 병자에 불과해. 네 아버지 아이게우스처럼 말이야. 으하하하! 넌 머지않아 온몸에 독이 퍼져 죽고 말 거야."

메데이아의 웃음소리는 소름이 끼칠 정도로 무서웠다. 혜리는 준을 부축하며 말했다.

"의사에게 가자. 의사가 치료해 줄 거야."

그러나 메데이아는 가당치 않다는 투로 비꼬았다.

"의사? 이 독을 해독할 수 있는 의사는 없어. 이것이 유일한 해독제지."

메데이아는 파란빛으로 찰랑거리는 유리병을 흔들었다. 그러면서 눈을 가늘게 뜨고 삼총사를 노려보았다.

"해독제를 갖고 싶으면 신비 열쇠를 받아 와. 네 아버지 아이게우스만 알고 있다는 그 신비 열쇠 말이야."

혜리와 영재는 어쩔 수 없이 준을 부축하며 돌아섰다.

"아참, 얘들아, 너무 늦으면 안 되는 거 알지? 테세우스가 죽고 말아요. 호호호!"

"어디 두고 보자!"

삼총사는 복도를 걸어 아이게우스의 방으로 들어갔다. 아이게우스는 준을 끌어안았다.

"오, 테세우스! 네가 마라톤의 황소를 무찔렀다는 소식은 들었다! 역시 넌 내 아들이야!"

아이게우스는 준의 상태가 나쁘다는 것을 알아차렸다. 황소의 뿔에 받힌 옆구리에서 검은 독이 퍼져 나가고 있었다.

"이럴 수가! 내 아들이 죽어 가고 있구나!"

"전하, 이건 메데이아의 짓입니다. 메데이아는 사악한 마녀입니다. 아버지가 병이 든 것도 메데이아가 꾸민 흉계입니다."

준은 아이게우스 왕에게 고했다. 그런데 전혀 모를 줄 알았던 왕은 긴 숨을 내쉬며 고개를 끄덕였다.

"나도 메데이아의 정체를 알았지만 물리칠 힘이 없구나. 메데이아가 주는 약에 중독되어 하루도 먹지 않으면 살 수 없게 됐어. 그러나 테세우스야, 너는 메데이아를 물리치고 아테네를 지켜야 한다. 내가 너를 그토록 기다렸던 것은 아테네의 백성들에게 평화를 안겨 주기 위해서야."

"전하, 신비 열쇠는 어디 있습니까? 만약 신비 열쇠가 마녀 메데이아에게 넘어간다면, 아테네뿐 아니라 우주 전체에 큰 혼란이 일어날 것입니다."

아이게우스 왕은 깊은 한숨을 내쉬면서 의자에 주저앉았다. 준과 혜리, 영재는 초조했다. 왕의 입에서 무슨 말이 나올지 시

선을 집중했다.

"어지럽고 졸음이 쏟아지는구나, 숨쉬기가 힘들고 가슴이 답답해!"

"전하, 신비 열쇠가 어디 있는지 알려 주십시오!"

커억 컥, 컥.

갑자기 아이게우스 왕이 피를 토하며 바닥에 쓰러졌다. 혜리와 영재는 왕을 침대에 눕혔다. 아이게우스 왕은 숨이 넘어갈 듯 헐떡거렸다.

"테세우스, 신비 열쇠는 어디에도 있고, 아무 곳에도 없단다. 그것은 참도 아니요, 거짓도 아니야. 그것은 보이지 않지만 볼 수 있단다."

아이게우스 왕은 힘겹게 손을 들어 테이블을 가리키고는 정신을 잃고 말았다. 삼총사는 아이게우스가 가리킨 테이블로 가 보았다. 서랍을 열자 두루마리가 돌돌 말려 있었다.

"날개 달린 천마, 페가수스에 대한 이야기가 쓰여 있어."

준은 두루마리를 펼쳐 고대 그리스어로 적힌 글을 읽었다.

누구든 보기만 해도 돌이 되어 버리는 무서운 괴물 메두사가 있었다. 메두사의 목을 베어 죽인 영웅은 페르세우스다. 메두사의 목을 벨 때 흘러나온 피는 말이 되었다. 그 말은 날개 달린 천마, 페가수스다. 페가수스의 목에는 메두사의 한쪽 눈동자로 만들어진 목걸이가 걸려 있다. 누구든 메두사의 눈동자로 된 목걸이를 보기만 하면 돌이 되어 버린다. 페가수스를 부를 방법은 단 한 가지, 테세우스에게 피리를 물려주노라.

두루마리 한쪽에 지도가 그려져 있었다. 지도에는 세 개가 표시돼 있었다. 하나는 궁전에서 밖으로 빠져나가는 비밀 통로였다. 또 하나는 비밀 통로와 이어진 어떤 집으로 향하는 길이었다. 그리고 마지막에는 아이게우스 왕의 방에 뭔가 보관돼 있다는 표시였다. 삼총사는 그 표시가 있는 곳으로 갔다. 그것은 아이게우스 왕의 조각상이었다. 혜리는 조각상을 살펴보다가 조각상을 한 바퀴 돌렸다. 털컹 하고 조각상 밑의 대리석 문이 열렸다. 금빛으로 찬란한 피리가 모습을 드러냈다.

"아이게우스 왕이 준에게 왜 피리를 줬는지 알겠어."

혜리가 계속 말했다.

"누구든 돌로 만들어 버리는 메두사의 목걸이로 마녀 메데이아를 물리치라는 뜻이겠지."

"아이게우스 왕이 직접 페가수스를 불러서 메데이아를 물리치면 될 텐데, 왜 준에게 임무를 맡겼을까?"

영재의 질문에 혜리는 다시 설명했다.

"아이게우스 왕은 메데이아가 준 약에 중독됐어. 하루라도 먹지 않으면 견딜 수 없게 만드는 약이라고 했잖아. 그랬으니까 메데이아를 죽일 수가 없었겠지. 그렇지만 지금은 아테네를 물려줄 아들이 나타났으니 마음 편하게 세상을 떠나도 된다고 결심했을 거야."

혜리의 말에 준도 영재도 이해가 되었다. 영재는 피리를 힘껏 불었다. 그러나 바람 새는 소리만 들릴 뿐 소리가 나지 않았다.

"피리가 고장이 났나? 내가 단소를 우리 반에서 제일 잘 부는데!"

얼굴 절반이 검은 빛으로 변해 버린 준이 피리를 건네받고 조용히 숨을 불어넣었다.

펄릴릴리, 펄릴리리.

어디서도 들어 본 적이 없는 아름다운 소리가 밤하늘에 울려 퍼졌다. 준은 문을 열고 테라스에서 더 힘껏 피리를 불었다.

잠시 뒤, 보름달이 밝게 비치는 밤하늘 저편으로 뭔가 날개를 휘저으며 날아왔다. 하얀색으로 빛나는 그것은 날개가 달린 말

페가수스였다. 갑자기 혜리가 겁에 질린 목소리로 경고했다.
"얘들아, 페가수스를 가까이에서 보면 안 돼! 목에 메두사의 목걸이가 걸려 있단 말이야!"
"내가 알아서 할게. 너희는 뒤로 돌아서서 눈을 감고 있어."
혜리, 영재와 함께 준도 뒤돌아섰다. 준은 방패를 꺼냈다. 방패는 달빛을 받아 반짝였다.
크르릉, 크릉, 크흐흥.
페가수스가 날개를 퍼덕이며 테라스에 앉았다. 준은 방패를

들여다보며 페가수스에게 다가갔다. 방패는 거울처럼 뒷모습이 반사되었다. 페가수스는 준을 알고 있다는 듯 얌전하게 굴었다. 페가수스의 목걸이는 붉은 빛으로 빛났고, 그 가운데 불타는 듯한 보석이 달려 있었다. 그것은 메두사의 눈동자였다. 준은 페가수스의 털을 쓰다듬으면서 안심시켰다. 그리고 번개 같은 손놀림으로 목걸이를 잡아 끊었다.

놀란 페가수스가 앞발을 치켜들며 울어 댔다. 준은 자칫하면 방패를 놓치고 바닥에 쓰러질 뻔했다. 간신히 중심을 잡은 준은 가죽 주머니에 목걸이를 집어넣고 페가수스의 엉덩이를 힘껏 때렸다. 페가수스는 날개를 펼치고 하늘로 날아갔다.

"얘들아, 다 끝났어."

혜리와 영재가 뒤를 돌아보자, 준은 가죽 주머니를 들어 보였다.

"이걸 절대로 열어 봐서는 안 돼. 어서 메데이아에게 가자."

메데이아는 자신이 왕이라도 된 것처럼 다리를 꼬고 거만한 자세로 왕좌에 앉아 있었다.

"신비 열쇠는 가져왔느냐?"

"여기 있소!"

준이 가죽 주머니를 내밀었다. 메데이아는 입꼬리를 귀까지 올리며 웃었다. 메데이아가 손을 뻗고 다가왔다.

"잠깐! 우리에게 먼저 해독제를 내놓으시지. 그렇지 않으면 이걸 저 깊은 호수에 던져 버리겠어!"

"그렇지. 약속은 당연히 지켜야지."

메데이아는 파란빛을 띤 병을 혜리에게 건넸다. 그리고 냉큼 준의 손에서 가죽 주머니를 채 갔다.

"으하하! 내가 신비 열쇠를 갖는다면 시간과 공간을 초월하는 존재가 된다! 나의 친구 미노타우로스여! 우리가 우주를 지배할 수 있게 되었나니!"

메데이아는 가죽 주머니에 손을 넣고는 고개를 갸웃거렸다.

"이상하네. 열쇠 모양이 왜 목걸이처럼 둥글지?"

"신비 열쇠가 보통 열쇠처럼 생겼는지 알았나 보지? 신비 열쇠는 목걸이야!"

메데이아의 의심을 풀려고 혜리가 재치 있게 대꾸했다.

"아하, 특별한 열쇠니까. 내 목에 걸어 볼까?"

메데이아는 가죽 주머니에서 목걸이를 꺼냈다.

"얘들아, 눈을 감아!"

혜리의 외침에 삼총사는 눈을 질끈 감았다.

"으아아악! 미노타우로스, 도와줘! 내 복수를 갚아 줘!"

메데이아의 비명 소리가 삼총사의 귀를 때렸다. 그리고 주변은 조용해졌다. 준은 혜리와 영재에게 눈을 뜨지 말라고 하고 방패를 거울 삼아 뒤를 살펴보았다. 메데이아는 없고, 그 자리에 회색의 돌덩어리가 서 있었다. 돌덩어리에 메두사의 목걸이가 걸려 있었다. 준은 방패를 보면서 돌덩어리에 다가가 가죽 주머니에 목걸이를 다시 넣었다.

"끝났어! 이것으로 메데이아를 물리쳤어!"

준은 바닥에 쓰러졌다. 준의 얼굴은 온통 검은빛으로 변해 있었다. 혜리는 준에게 먹이려고 해독제의 뚜껑을 열었다. 그 순간, 파란빛의 액체로 출렁이던 해독제는 연기처럼 홀연히 사라졌다. 영재와 혜리는 당황해서 병을 털어 보았지만, 단 한 방울도 남지 않았다.

"우리가 속은 거야. 메데이아는 처음부터 해독제를 줄 생각이 없었던 거야!"

"아! 어떡하지? 준이 죽어 가고 있어! 신비 열쇠는 어디 있는지 찾지 못하고! 우리보고 어쩌란 말이야!"

절망에 빠진 영재는 소리를 내며 펑펑 울기 시작했다. 준은 고통스러운 신음을 흘렸다. 혜리는 손등으로 눈물을 닦았다.

"방법이 분명히 있을 거야!"

혜리는 기억을 더듬었다.

"아이게우스 왕이 준 지도! 그 지도에 궁전을 빠져나가는 비밀 통로가 있어. 비밀 통로를 나가면 어떤 곳으로 연결돼 있었어! 그곳으로 가 보자!"

혜리는 영재의 등에 준을 업혔다. 그리고 지도에 그려진 어둡고 긴 통로를 따라 걸었다.

나무로 된 문을 열고 나오자 눈부신 햇살이 쏟아졌다. 바다가 내려다보이는 언덕 위로 작은 오두막이 있었다. 지도의 길은 그 오두막과 연결되어 있었다. 오두막 앞에는 작은 팻말이 붙어 있었다.

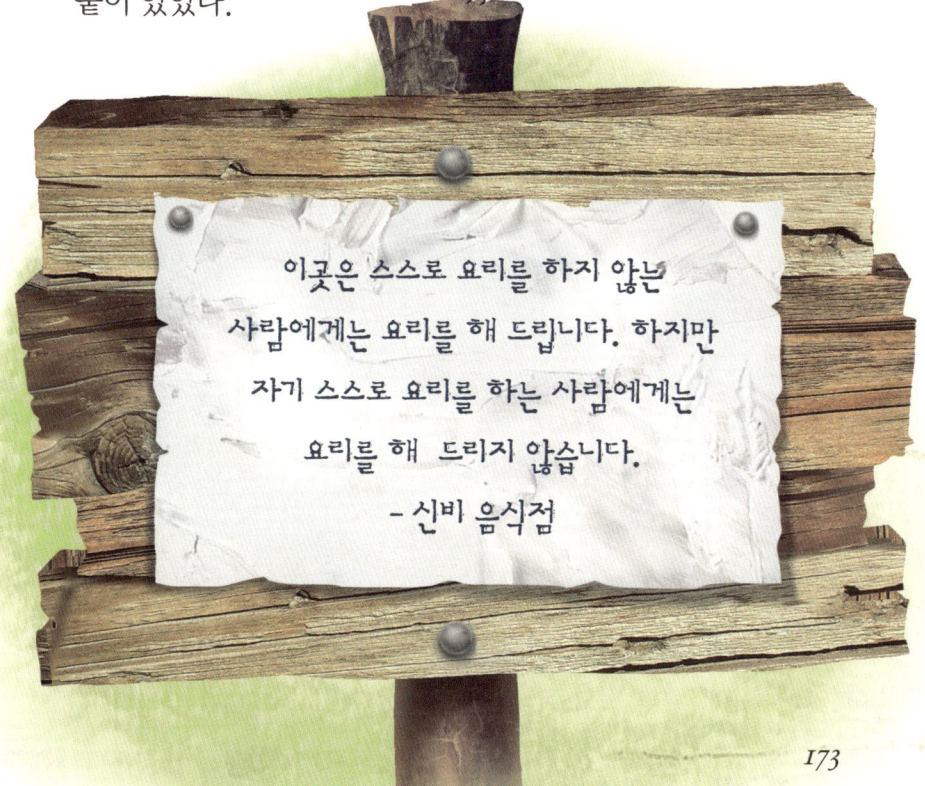

이곳은 스스로 요리를 하지 않는 사람에게는 요리를 해 드립니다. 하지만 자기 스스로 요리를 하는 사람에게는 요리를 해 드리지 않습니다.
- 신비 음식점

알 수 없는 말이었다. 삼총사는 일단 문을 열고 안으로 들어갔다.

"어서 오세요. 신비 음식점입니다."

아름다운 두 명의 여인이 인사를 했다.

"저는 아리아드네이고, 이쪽은 제 동생 파에드라입니다. 무엇을 드릴까요?"

자매는 준의 얼굴을 보고 흠칫 놀랐다.

"제 친구가 마녀의 독에 중독되었어요! 아이게우스 왕이 이곳으로 보내서 오게 되었어요. 저희를 도와주실 수 있나요?"

혜리는 절박한 심정으로 부탁했다.

"저희는 요리사일 뿐입니다. 맛있는 머시룸 스프를 만드는 자매로 유명하지요. 저희가 해 드릴 수 있는 것은 그것뿐입니다."

자매의 대답을 들은 삼총사는 하늘이 무너지는 것 같았다.

"스프를 주세요."

준이 벽에 등을 기댄 채 말을 토해 냈다. 아리아드네는 도마질을 하고, 파에드라는 불을 피운 솥을 저었다. 준은 눈을 감고 왕이 했던 말을 떠올렸다.

"아이게우스 왕은 신비 열쇠가 어디에도 있고, 아무 곳에도 없다고 했어. 그것은 참도 아니요, 거짓도 아니며, 보이지 않지만 볼 수 있다고 했어."

혜리는 식당 앞에 붙은 팻말이 수상하다고 말했다.

"스스로 요리를 하지 않는 사람에게는 요리를 해 드립니다. 하지만 자기 스스로 요리를 하는 사람에게는 요리를 해 드리지 않습니다. 이게 대체 무슨 뜻일까?"

"뭘 그렇게 어렵게 생각해? 나는 요리를 하지 않으니까 나 같은 사람에게 요리를 해 준다는 뜻이잖아."

영재가 대답했다.

잠시 뒤, 식탁 위에 세 그릇의 스프가 놓였다. 그저 특별할 것

이 없는 평범한 스프였다. 영재가 수저를 들려고 하는 순간이었다.

"잠시만요! 두 분의 요리는 누가 합니까?"

준은 영재를 막으면서 두 자매에게 물었다. 아리아드네와 파에드라는 서로 마주보더니 조용히 웃으면서 되물었다.

"네? 그게 무슨 말인가요?"

"두 분이 드시는 요리는 누가 하냐고 물었습니다."

준의 목소리는 더욱 날카로와졌고, 아리아드네와 파에드라의 얼굴은 딱딱하게 굳어졌다.

준은 문 쪽을 가리켰다.

"'문 앞에 '스스로 요리를 하지 않는 사람에게는 요리를 해 드리고, 요리를 하는 사람에게는 요리를 해 드리지 않습니다.'라고 적혀 있습니다."

"그런데요?"

준은 날카로운 말투로 계속 이어갔다.

"두 분은 요리를 하니 스스로 요리를 해서 드실 수 없다는 말이 아닙니까? 그러니 두 분은 자신을 위해 요리를 할 수 없고, 요리를 하지 않을 수도 없습니다. 이것은 있을 수 없는 일입니다. 제 말이 틀렸나요?"

아리아드네와 파에드라가 놀란 눈으로 바라보았다. 그러다가 입가에 미소가 번졌다. 갑자기 놀라운 일이 일어났다. 아리아드네와 파에드라의 빨간 머리카락이 순식간에 하얀색으로 변한 것이다. 그들이 입고 있던 평범한 옷도 은빛으로 반짝였으며, 그들의 몸에서는 눈부신 빛이 쏟아졌다. 아리아드네와 파에드라는 허공에 둥둥 떠 있었다. 음식점은 빙글빙글 돌더니 하얀 대리석으로 만든 아름다운 신전으로 변했다.

"테세우스, 우리는 인간이 아니라 여신이니라. 이곳은 인간들이 우리를 위해 지은 신전이지. 우리는 지금까지 미노타우로스를 물리칠 지혜로운 영웅을 기다리고 있었느니라."

아리아드네의 말에 이어서 파에드라가 위엄 있는 목소리로 말했다.

"그러나 수백 년 동안 어떤 영웅도 우리가 낸 문제를 알아내지 못했지. 테세우스, 너만 우리의 시험을 통과했구나."

"여신이라면 미노타우로스를 직접 처단하시지 왜 저 같은 인간을 기다리고 있었습니까?"

준이 물었다.

아리아드네는 미소를 머금고 봄바람 같은 부드러운 목소리로 말했다.

"미노타우로스는 포세이돈의 저주로 만들어진 괴물이란다. 신이 만든 괴물이기에 같은 신들은 관여를 할 수가 없었어. 그래서 널 지구에서 데려온 것이야. 테세우스, 넌 우리 신들이 선택한 최고의 인간이다."

파에드라는 삼총사에게 스프를 먹으라며 권했다. 준이 스프를 마시자 뜨거운 기운이 온몸을 감쌌다. 검게 변한 얼굴과 몸이 서서히 사라지며 원래의 모습을 되찾았다.

"독이 사라졌어! 준아, 네가 원래 모습으로 돌아왔어!"

영재는 하반신이 근질근질해서 다리를 긁어 댔다. 그러자 허물을 벗는 애벌레처럼 켄타우로스의 모습이 벗겨졌다. 상체를 뒤덮었던 털도 사라지고, 곧 귀엽고 통통한 영재의 모습으로 돌아왔다.

혜리는 가슴을 짓누르고 있던 슬픔과 불안이 사라졌다. 무엇이든 해낼 수 있다는 용기와 자신감이 용솟음쳤다.

"신비 열쇠는 어디에 있는 건가요?"

준이 물었다.

"그것은 어디에도 있고, 아무 곳에도 없단다. 그것은 참도 아니요, 거짓도 아니야. 보이지 않지만, 볼 수 있지."

아리아드네는 미노타우로스가 미궁 속에 있다고 말했다. 미궁은 그리스의 천재적인 발명가이면서 건축가인 다이달로스가 만든 성이라고 했다.

"미궁은 아무도 들어갈 수도, 나올 수도 없는 복잡한 성이야. 그곳에 들어가면 미노타우로스에게 잡혀 먹히고 말지. 테세우스, 그곳에 들어가 미노타우로스를 물리치고 평화를 찾아 다오."

아리아드네와 파에드라는 그 말을 남기고 사라졌다. 텅 빈 자리에는 파랑새 한 마리가 남아 노래를 불렀다.

"파랑새가 우리를 부르는 것 같아. 저 새를 따라가라는 게 여신들의 뜻인가 봐."

혜리의 말에 준과 영재는 파랑새를 따라나섰다. 숲을 지나고 낭떠러지 사이에 걸린 아득한 출렁 다리를 건너자 거대한 벽으로 에워싸인 건축물이 나타났다. 검은 입을 벌린 동물처럼 작은 문 하나가 나 있었다.

"이것이 미노타우로스가 사는 미궁인가 봐."

그때 풀숲에서 부스럭부스럭 뭔가 움직였다. 영재가 가리킨 곳에 떠돌이 개가 있었다. 떠돌이 개는 멀찍이 서서 삼총사를 간절한 눈빛으로 바라보았다.

"저 개가 나타나면 재수가 없단 말이야!"

영재가 돌멩이를 던져 쫓으려고 하자, 혜리가 말렸다. 혜리는 물통을 꺼내 개 앞에 놓았다. 물통에는 여신들이 준 마법의 스프가 들어 있었다.

"이걸 먹어라. 네 병도 치료해 줄 거야."

준은 혜리와 영재의 손을 잡았다.

"우리가 지혜를 모으면 어떤 위험에서도 벗어날 수 있어."

"그래, 지금까지 수많은 위기를 극복해 왔잖아. 다 너희 덕분이야."

삼총사는 검은 입 같은 미궁의 입구로 발을 내디뎠다. 안은 어둡고 군데군데 웅덩이가 있었다. 갑자기 영재가 비명을 질렀다. 한쪽에 해골들이 누워 있었다.

"미노타우로스가 잡아먹은 사람들인가 봐!"

삼총사는 미궁 속으로 더 깊이 들어갔다. 길을 헤매던 준은 그만 혜리, 영재와 떨어지고 말았다. 준은 친구들을 찾기 위해 혜리와 영재의 이름을 부르면서 미궁을 돌아다녔다. 그러나 너무나 복잡해서 한 번 왔던 곳을 다시 찾아가기 어려웠다. 한참을 헤매던 끝에 미궁 저편에서 발자국 소리가 들렸다.

"영재니? 혜리니?"

그런데 거기엔 프로키메데우스가 영재의 어깨에 팔을 두르고 서 있었다.

"돼지 괴물! 당장 내 친구를 놓아 줘!"

"테세우스, 왜 그렇게 흥분해? 우리는 배고플 때 음식을 나눠 먹은 소중한 친구란 말이야. 영재야, 안 그러니?"

영재는 겁에 질린 얼굴로 고개를 끄덕였다. 그때 영재 뒤로 거대한 그림자가 나타났다. 바로 미노타우로스였다.

"테세우스, 메데이아를 보기 좋게 돌로 만들었더군. 신비 열쇠의 위력은 대단해."

"미노타우로스! 내 친구를 놓아 줘! 정정당당하게 나와 싸우자!"

준은 칼을 뽑아 들고 으르렁거렸다.

"메데이아를 물리칠 정도면 넌 아주 강해진 모양이야. 그게 다 신비 열쇠 덕분이겠지. 그런 너와 내가 왜 싸우지? 내가 질 게 뻔하잖아. 지구인들은 친구를 소중하게 여긴다지? 어서 신비 열쇠를 내놓고 친구를 데려가. 너희 목숨은 보장해 주마."

준은 무조건 항복할 수밖에 없었다. 칼을 바닥에 내려놓고 갑

옷을 벗었다. 준은 주머니를 뒤적거려 열쇠 하나를 내밀었다.

"이것이 신비 열쇠라고?"

"그렇다! 아이게우스 왕에게 받은 신비 열쇠야."

영재가 열쇠를 보고 눈이 동그래졌다. 그건 준의 자전거 열쇠였기 때문이다.

"이상하군. 너희는 왜 아직 지구로 돌아가지 않았지? 신비 열쇠를 찾아 바로 집으로 돌아가고 싶다고 했잖아."

프로키메데우스가 의심스러운 목소리로 물었다.

"미노타우로스! 너를 물리쳐 주겠다는 약속을 여신들과 했기 때문이야. 네가 사라져야 그리스에 평화가 오니까."

"크하하하! 가소로운 것들! 이제 우주는 나의 것이야! 시공간을 내 마음대로 오갈 수 있는 절대적인 힘이 생겼으니까! 나를 괴물이라고 무시했던 올림포스의 12신들에게 뜨거운 맛을 보여 줄 테다!"

미노타우로스는 배를 문지르며 입맛을 다셨다.

"문득 배가 고파지네. 영재라고 했니? 넌 통통하게 생겨서 참 맛있겠는걸."

미노타우로스는 뾰족한 이빨을 드러냈다. 영재는 무서워서 바닥에 주저앉았다.

"미노타우로스, 약속이 틀리잖아! 내 친구를 살려 주겠다고 했잖아!"

준이 손을 뻗으면서 외쳤다.

"나는 지금까지 약속을 지켜 본 적이 없어. 안 그러니, 프로키메데우스?"

"맞습니다요. 약속 같은 건 개나 줘 버려야지요. 주인님, 저도 배가 출출합니다요."

미노타우로스는 한입에 영재를 먹으려고 입을 쩌억 벌렸다.

"안 돼! 제발 영재를 살려 줘!"

"크흐흐, 그러면 나랑 내기 하나 할까? 내가 잡아먹을지 안 잡아먹을지를 알아맞혀 봐."

준은 잠깐 동안 번개처럼 머리를 굴렸다.

"알아냈어. 넌 보나마나 잡아먹을 거야."

미노타우로스는 음흉하게 미소를 지었다.

"틀렸어. 난 살려 주려고 했었는걸. 그런데 잡아먹는다고 말했으니까, 못 맞힌 거야. 그러니까 아……."

"아니야! 내가 맞혔어! 네가 영재를 잡아먹으면 내가 알아맞힌 거잖아! 그러니까 살려 줘야 해!"

미노타우로스와 프로키메데우스는 고개를 갸웃거렸다.

"이상하네. 잡아먹으면 맞힌 게 됩니다요."

"그러네. 그러면 살려 줘야겠네."

영재는 그 틈을 놓칠 새라 재빨리 준에게 달려왔다. 발이 엉킨 영재는 준 앞쪽으로 데구루루 굴렀다. 준은 영재를 몸으로 가로막아 보호했다.

"좋아, 오늘은 기분 좋은 날이니까, 식사는 나중에 하자."

미노타우로스는 옆에 있던 줄을 잡아 당겼다.

천장과 바닥에서 무거운 철창이 내려오고 올라왔다. 준과 영재는 꼼짝없이 철창에 갇히고 말았다.

"프로키메데우스, 신비 열쇠를 어떻게 사용하는지 알아?"

"저도 모릅니다요. 열쇠라는 건 자물쇠를 여는 거잖아요. 그러면 자물쇠는 어디에 있는 거지요?"

"거참, 알 수 없군. 뭐 급할 건 없으니까 서두를 필요는 없어. 으하하하! 나는 신이 될 거야. 지구로 가서 신 대접을 받으면서 지구인들을 노예로 삼아 살아도 재미있겠군."

미노타우로스와 프로키메데우스는 술통을 다 비운 뒤에야 코를 골며 잠들었다. 그때 어둠 저편에서 누군가 슬금슬금 다가왔다. 혜리였다.

"혜리야, 어떻게 된 일이야?"

"너희를 찾아 헤매다 너희가 잡혔다는 걸 알고 숨어 있었어."

영재는 손등으로 눈물을 훔치면서 울먹거렸다.

"저 돼지 괴물 녀석이 족발을 준다고 속여서 잡히고 말았어. 소머리 괴물이 깨어나면 우리를 잡아먹을 거래."

"준아, 나한테 좋은 작전이 있어. 이걸 이용하자."

혜리는 주머니에서 유리병을 꺼냈다. 유리병 안에는 보랏빛을 띤 벌레 두 마리가 들어 있었다.

"이건 판의 미로에 빠지게 하는 악몽 벌레야. 악몽 벌레가 귀에 들어가면 악몽에 깊이 빠져 깨어나지 못한대."

혜리는 잠이 든 미노타우로스와 프로키메데우스에게 다가갔다. 그리고 귀에 악몽 벌레를 한 마리씩 집어넣었다.

잠시 뒤, 미노타우로스와 프로키메데우스가 헛소리를 하면서 두 팔을 휘저었다. 악몽에 빠진 것이다. 미노타우로스와 프로키메데우스는 서로 귀를 물어뜯고 발길질을 했다.

영재는 쇠창살을 흔들면서 답답해 했다.

"이 창살을 열 수 있는 열쇠가 있다면 도망칠 수 있는데. 신비 열쇠는 대체 어디에 있는 거야?"

그때 미궁 저쪽에서 뭔가 다가왔다. 빛에 어른거리는 그림자는 네 발이 달린 짐승이었다. 삼총사는 긴장을 한 채 그림자를 바라보았다.

"앗, 떠돌이 거지 개!"

떠돌이 개는 매우 건강해 보였다. 다리를 절룩거리지 않았고, 피부에는 보드라운 털이 돋았으며, 앙상했던 갈비뼈는 사라져 의젓하고 강인해 보였다.

"헤리가 준 마법 스프를 먹고 건강해졌나 봐."

떠돌이 개는 헤리에게 달려와 품에 안겼다. 그런데 놀라운 일이 벌어졌다. 개의 몸에서 눈부신 빛이 뿜어져 나오더니 개가 사라지고 그 자리에 황금 열쇠 하나가 떨어져 있었다.

우르릉 쾅!

그 순간 미궁의 천장이 깨졌다. 눈부신 빛이 쏟아지는가 싶더니, 하늘이 무너지는 듯 거센 천둥과 번개가 번쩍였다.

"나는 제우스다! 저 개는 내가 만든 신비 열쇠다!"

헤리가 열쇠를 손바닥에 쥐었다.

"이 개가 신비 열쇠였다니! 우리를 계속 따라왔는데, 우리는 몰랐던 거야. 어디에도 있지만, 아무 곳에도 없는 것. 보이지 않지만 볼 수 있는 것. 그리고 참도 아니요, 거짓도 아닌 것!"

빛이 일렁거리면서 제우스의 목소리가 울려 퍼졌다.

"신비 열쇠는 기쁨과 슬픔, 행복과 고통, 즐거움과 분노, 빛과 어둠이 만나 이뤄진 것! 그러나 빛만 본다면 어둠을 볼 수 없고, 어둠만 본다면 빛을 볼 수 없다. 테세우스는 참도 아니요, 거짓도 아닌 역설을 알아냈다. 헤리는 병든 개의 겉모습을 보지 않고 진실한 눈으로 개를 보았다. 보이지 않는 것을 볼 수 있게 된 것이다. 영재는 비록 진실은 보지 못했지만, 사랑하는 친구를 위해 고통을 이겨내며 모든 것을 바쳤다. 너희야말로 신비 열쇠를 가질 자격이 있다."

크아앙, 캉캉, 컹컹컹.

어둠 속에서 머리가 셋 달린 거대한 괴견이 나타났다. 저승문을 지키는 케르베로스였다. 케르베로스는 잠들어 있는 미노타우로스와 프로키메데우스를 물었다.

"으아아악! 살려 줘!"

케르베로스는 미노타우로스와 프로키메데우스를 물고는 깊은 어둠 속으로 사라졌다.

"미노타우로스와 프로키메데우스를 저승으로 데려가기로 올림포스 신들은 결정했다. 너희는 어떤 선택을 하겠느냐? 이곳에서 영웅으로 살아도 되고, 지구로 돌아가 평범한 아이의 모습으로 살아도 된다."

제우스의 질문에 삼총사는 서로를 바라보았다. 그리고 미소를 지었다.

"집으로 돌아가겠어요. 영웅 같은 건 우리 체질에 안 맞아요!"

"테세우스와 지구에서 온 현자들이여, 너희 덕분에 우주의 질서를 다시 찾았도다. 올림포스의 12신을 대표하여 너희에게 감사 인사를 올리노니!"

제우스는 지팡이로 땅을 쿵 하고 울렸다. 그러자 땅이 갈라지며 엘리베이터가 거짓말처럼 솟아올랐다.

삼총사는 엘리베이터에 올라탔다. 준은 망설임 없이 버튼을 눌렀다. 삼총사는 긴장한 얼굴로 엘리베이터의 문이 열리기를 기다렸다.

잠시 뒤, 띵동 소리와 함께 엘리베이터의 문이 열렸다.

"앗! 여기는……."

지금까지
〈마지막 수학전사〉를
사랑해 주셔서
감사합니다.